基金项目：

1. 高校优秀拔尖人才培育项目（gxyq20

2. 安徽省教育科学研究项目（JK23130）

3. 皖西学院高层次人才科研项目（WGKQ2022035）

4. 安徽省省级重点质量工程项目（2022jyxm1743）

基于可穿戴智能设备的体育课测评体系构建与应用研究

孙建刚 ◎ 著

·成都·

图书在版编目（CIP）数据

基于可穿戴智能设备的体育课测评体系构建与应用研究 / 孙建刚著 . —成都：成都电子科大出版社，2024.4

ISBN 978-7-5770-0947-6

Ⅰ.①基…　Ⅱ.①孙…　Ⅲ.①学校体育－体育工作－研究 Ⅳ.①G807

中国国家版本馆 CIP 数据核字（2024）第 047652 号

基于可穿戴智能设备的体育课测评体系构建与应用研究

JIYU KECHUANDAI ZHINENG SHEBEI DE TIYUKE CEPING TIXI GOUJIAN YU YINGYONG YANJIU

孙建刚　著

策划编辑　罗国良
责任编辑　罗国良

出版发行　电子科技大学出版社
　　　　　成都市一环路东一段 159 号电子信息产业大厦九楼　邮编 610051
主　　页　www.uestcp.com.cn
服务电话　028-83203399
邮购电话　028-83201495

印　　刷　三河市九洲财鑫印刷有限公司
成品尺寸　240mm×170mm
印　　张　12.25
字　　数　220 千字
版　　次　2024 年 4 月第 1 版
印　　次　2024 年 4 月第 1 次印刷
书　　号　ISBN 978-7-5770-0947-6
定　　价　78.00 元

前言

教育测评事关教育发展的方向，对学校体育课的测评是总结与改善学校体育工作的基本措施之一，也是学校体育教育目标顺利实现的基础保障。本书结合体育课测评的现实需要与可穿戴设备技术的技术基础，构建了基于可穿戴设备的初中体育课测评体系并进行了应用探索，同时还对普及型民用设备替代科研级设备的可行性进行了验证。一方面为体育课测评提供一种廉价而客观的方法，另一方面为推动现代科技与课程评价的结合提供理论基础与实践经验。

本书以测量理论与教育评价理论为基础，借鉴国内外体育课测评经验，运用文献资料法总结了体育课测评与可穿戴设备应用的相关资料，并以此为基础建立了体育课测评指标池，以德尔菲法构建了基于可穿戴设备的初中体育课测评体系，以测量法测得上海市初中体育课，以数理统计法对采集的数据进行分析，确定测评体系各项指标的权重，以因子分析法验证所构建测评体系的信效度。并在普及型民用设备验证阶段，以数理统计法对用于替代科研级设备的智能手环信效度进行验证，同时，以问卷法的形式对智能手环用于体育课测评的可行性进行了调查。

本书构建与完善了基于可穿戴设备的初中体育课测评体系，该体系包含 2 个一级指标、19 个二级指标以及各自观测点。该体系纳入了多项新兴指标与多项客观指标，降低了主观指标的数量，提高了体育课测评体系的客观性与完整性。以因子分析对基于可穿戴设备的初中体育课测评体系进行验证，证实该测评体系与实际数据拟合度高，该体系具有良好的信度与效度。该体系可以为提高学校体育课质量，提升体育课效率，促进学校体育测评理论发展等方面提供帮助。

以构建的测评体系对体育课进行测评应用后发现，“教师教学”与“学生学习”得分之间存在不匹配现象。即便体育课上教师各方面表现较好，但学生却往往仍会出现各项指标得分不高的问题。一方面说明学生对待体育课的态度和思想观念有待转变，另一方面说明体育课上教师教学工作转化成教学效果的效率不高，这对于促进学生知识、技能学习和健康收益方面都存在不利影响。

本书选取的普及型民用设备具有替代科研级设备的基本条件，手环在监控体育课学生心率方面具有中等效度，手环测评应用结果与科研及设备结果基本一致。测评成本得以降低、测评操作性与可推广性得到提高。此外，手环还具有造价低廉、佩戴方便、师生接受度更高的特点，可以作为体育课测评体系中的替代工具。随着社会需求的变化和测评技术的进步，普及型民用设备发展迅速，对这类设备的检验，有助于测评体系的改进、推广与应用，可穿戴智能设备与体育测评的结合发展前景较为广阔。

作者为皖西学院孙建刚，在上海体育大学刘阳教授（作者导师）及其研究团队的大力支持下完成本研究，作者谨以此书致敬导师。

目 录

第一章

绪　　论

第一节 研究背景

学生阶段是儿童青少年个体身体和心理生长发育的关键时期，其健康状况不仅对其成年后的健康水平与幸福生活具有重要影响，还关系到民族的健康发展与强国梦的顺利实现。学校体育一直是健康促进领域的扛大旗者，也是体育政策实施的前沿阵地[①]，学校体育教育动向往往能够体现出国家体育政策的态度[②,③]。2020年10月13日，中共中央、国务院印发的《深化新时代教育评价改革总体方案》中指出，教育评价是教育发展方向的指挥棒，要改进中小学评价[④]，这一方案明确了测评的重要性。随后又在印发的《关于全面加强和改进新时代学校体育工作的意见》中提到，积极完善评价机制是全面加强学校体育工作的关键[⑤]，再次强调了科学测评的重要意义。政策的实施需要以测评结果为导向，只有对当前每个环节的状况和问题进行精准的衡量与把握，才能制定合理的计划与方案，才能实现政策的精准落地和实施。对学校体育课的质量与效果的测评是学校体育工作总结与改善的基本措施之一，也是学校体育教育目标顺利实现的基础保障。体育课是学校体育工作的核心内容，也是提升儿童青少年体育素养的重要组成部分，对体育课合理测评是保障体育课质量、提高学生体育素养和总结完善学校体育工作的基本措施之一，也是学校体育教育目标顺利实现的基础保障。因此，制定科学合理的体育课测评体系是目前学校体育工作的迫切需求。

以往对体育课的测评方式多以主观测评方法为主，主要是对教师教学组织方面进行考察[⑥]，一般是通过教师或者专家采用主观量表从旁观者的角度对体育课

①FAIRCLOUGH S，STRATTON G. Physical Activity Levels in Middle and High School Physical Education：A Review［J］. Pediatric Exercise Science，2005，17（1）：217-236.

②HEALTH E D O，SERVICES H. Guidelines for School and Community Programs to Promote Lifelong Physical Activity Among Young People［J］. Journal of School Health，2010，67（6）：202-219.

③ FOX KR，COOPER A，MCKENNA J. The School and Promotion of Children' s Health-Enhancing Physical Activity：Perspectives from the United Kingdom［J］.Journal of Teaching in Physical Education，2004，23（4）：338-358.

④ 中共中央国务院.深化新时代教育评价改革总体方案［EB/OL］.［2020-10-15］.http：//www.gov.cn/zhengce/2020-10/13/content_5551032.htm

⑤ 中共中央办公厅国务院办公厅.《关于全面加强和改进新时代学校体育工作的意见》和《关于全面加强和改进新时代学校美育工作的意见》［EB/OL］.［2020-10-15］.http：//www.gov.cn/zhengce/2020-10/15/content_5551609.htm.

⑥ 蓝自力.对体育课质量评估指标体系的研究［J］.体育科学，1993，（05）：17-20+93.

进行评定。这样的评定对于提高教师教学质量和效果起到了一定的促进作用，但这种测评方法也存在一些问题。测评方式完全以主观法或以主观法为主进行，测评者的喜好会对测评的结果产生较大影响；以旁观者身份进行测评，很难准确体会与把握体育课上教师与学生的主观感受；测评量表指标较多，测评者需在短时间内对诸多指标进行观察，容易产生疏忽；体育课上的某些指标测量不方便测评甚至不能测评，难免造成信息遗漏；另外，体育课测评诞生了许多新指标，更加注重教师与学生感受，但传统测评体系中并没有纳入这些新指标或利用这些新视角，这对于体育课的改革与发展来说有所不利。因此，建立一种现代的、客观的、简便的、直观的测评方法或体系对于改进体育课测评体系，提高体育课的质量与效果是很有必要的。

可穿戴设备佩戴方便、造价低廉、造型多样，人们的接受程度较高[①]，与体育课的测评表现出了高度契合性[②]。随着可穿戴技术的发展，已有很多研究将可穿戴设备应用到体育课的测评之中[③,④]。新技术的应用不仅为测评提供了诸多便利，也对传统测评方法产生了一定的影响，以前不可测的指标逐渐可测，很难测的指标变得容易测。中高强度身体活动（moderate to vigorous physical activity，MVPA）占比等新概念相继被提出并应用于体育课的测评[⑤]，使体育课的测评内容逐渐增多。在此背景下，传统体育课的测评体系也需及时调整，主动结合新技术、适应新需求。但目前大多数可穿戴设备的应用仅仅局限于测量体育课上学生的身体活动指标，并没有与体育测评进行更深地结合，也未建立基于可穿戴设备的体育课测评体系。因此，本研究结合体育课测评的现实需要与可穿戴设备技术的技术基础，构建了基于可穿戴设备的初中体育课测评体系并进行应用探索。一方面为体育课测评提供了一种更客观而简便地方法，另一方面为推动现代科技与课程评价的结合提供了理论基础与实践经验。促使体育课测评由“主观化”转向“客观化”，测评手段“单一化”转向“多样化”，满足学校与教育部门对体育

---

① 张丹青，孙建刚，刘雪琦，等 . 基于可穿戴设备的儿童青少年身体活动干预效果综述［J］. 上海体育学院学报，2019，43（05）：41-9+98.

② 孙建刚；柯友枝；洪金涛，等 . 利器还是噱头：可穿戴设备在身体活动测量中的信效度［J］. 上海体育学院学报，2019，043（006）：29-38.

③Kerli M，Marek O，Sulev R，et al. Validating Fitbit Zip for monitoring physical activity of children in school：a cross-sectional study［J］. Bmc Public Health，2018，18（1）：858.

④ZHOU Y，WANG L. Correlates of Physical Activity of Students in Secondary School Physical Education：A Systematic Review of Literature［J］. BioMed Research International，2019，2019：4563484.

⑤HOLLIS JL，WILLIAMS AJ，SUTHERLAND R，et al. A systematic review and meta-analysis of moderate-to-vigorous physical activity levels in elementary school physical education lessons［J］.International Journal of Behavioral Nutrition & Physical Activity，2016，86（1）：34-54.

课进行测评并自主干预的需求，为提高初中体育课质量，加快健康中国行动落实提供助力。

第二节 现实需求

一、体育政策发展需求

各类体育政策的精准落实与干预实施需要测评为前提和基础。中华人民共和国建立以来，国家和社会给予儿童青少年体质健康的关注越来越多，制定与颁布了一系列文件与政策，这些政策实施的前沿阵地就是学校体育，体育课则是该阵地上最有力的武器。除2016年中共中央、国务院印发了《‘健康中国2030’规划纲要》之外，还印发了《深化新时代教育评价改革总体方案》，之后又连续颁布了《关于全面加强和改进新时代学校体育工作的意见》，这些政策文件的出台表达了国家对体质健康与体育教育工作的重视，显示了国家推进体质健康促进与体育教育工作的决心。尤其是《‘健康中国2030’规划纲要》的出台，不仅代表着我国实现健康中国目标的信心与决心，也标志着健康教育事业已成为未来中国体育发展的核心方向之一。政策的实施需要以测评结果为导向，只有对当前每个环节的状况和问题进行精准的衡量与把握，才能制定合理的计划与方案，才能实现政策的精准落地和实施。因此，体育课作为政策实施的重要一环，对体育课的测评研究是相关政策实施和落实的需求。

二、学校体育发展需求

学校体育的促进工作同样需要以测评结果为导向。虽然儿童青少年体质健康问题是多个部门和各种社会角色的共同责任，但学校体育仍是其中当仁不让的扛大旗者，在健康促进方面扮演着极其重要的角色。虽然也有不少学者指出单靠学校体育无法实现儿童青少年体质健康促进的目标，但仍不能否认学校体育的重要地位。在我国，虽然国家和相关部门持续不断的对学校体育进行财力物力的投入，但很明显并没有达到预期的结果，学生的身体活动状况和体质健康状况并没有得到相应的改善。而且硬件设施充足的学校相对于资源欠缺的学校也没有表现出特别的优势。这说明目前学校体育仍没有明晰的把握住体育课乃至学校体育与学生体质健康促进之间的关键问题。因此，想要解决学校体育的顽固遗留问题，促进学校体育的发展，探索新视角和新方法无疑是较好的选择。促进学校体育的核心工作内容之一就是提高体育课的质量，因此，本研究是促进学校体育工作的需求。

三、体育课程发展需求

测评是评定其优缺点以求改进的过程，促进体育课程的发展需要对其进行科学合理的测评。当前体育课的测评体系大都是针对体育课堂组织、学生体质健康、运动技能、意志品质几个方面内容，涉及体育课上学生身体活动的要求较少，而身体活动与体质健康、运动技能的培养都存在紧密关联①。世界卫生组织推荐儿童青少年应每天累计至少 60 分钟中高强度身体活动，国内只有 20% 的儿童和青少年能够达到这样身体活动量②。体育课是儿童和青少年身体活动目标的主要实现途径之一，体育课不仅为学生提供了学习运动技能和运动知识的机会，还能为其累计中高强度身体活动量提供机会③。据调查，中学生体育课日的身体活动远高于非体育课日④，说明学生在体育课上的活动占其身体活动的主要部分⑤，学生在体育课上不能达到 50% 的 MVPA 占比很大程度上会降低其每天身体活动量达到要求的机会⑥。尤其是对于那些学业压力大、活动机会少的高年级学生来说，体育课可能是他们仅有的规律性参与 MVPA 的机会。意识到体育课上身体活动对儿童青少年健康的重要性，美国疾病预防控制中心⑦和英国体育教育协会⑧建议儿童青少

① Global Recommendations on Physical Activity for Health. Geneva：WHO Press：World Health Organization；2010. URL：https：//www.who.int/dietphysicalactivity/factsheet_young_people/en/

② ZHU Z，TANG Y，ZHUANG J，et al. Physical activity，screen viewing time，and overweight/obesity among Chinese children and adolescents：an update from the 2017 physical activity and fitness in China—the youth study［J］. BMC public health，2019，19（1）：197

③ Global Recommendations on Physical Activity for Health. Geneva：WHO Press：World Health Organization.

④ HARTWIG TB，DEL POZO-CRUZ B，WHITE RL，et al. A monitoring system to provide feedback on student physical activity during physical education lessons［J］. Scandinavian Journal of Medicine & Science in Sports，2019，29（9）：1305-1312.

⑤ HARTWIG TB，DEL POZO-CRUZ B，WHITE RL，et al. A monitoring system to provide feedback on student physical activity during physical education lessons［J］. Scandinavian Journal of Medicine & Science in Sports，2019，29（9）：1305-1312.

⑥ 李红娟，李新，王艳，等 . 北京市某初中 1 ～ 2 年级学生在校身体活动水平定量评估［J］. 卫生研究，2013，42（4）：589-595.

⑦ LONSDALE C，ROSENKRANZ RR，PERALTA LR，et al. A systematic review and meta-analysis of interventions designed to increase moderate-to-vigorous physical activity in school physical education lessons［J］. Preventive Medicine，2013，56（2）：152-161.

⑧ Guidelines for school and community programs to promote lifelong physical activity among young people. National Center for Chronic Disease Prevention and Health Promotion，Centers for Disease Control and prevention. J Sch Health. 1997 Aug；67（6）：202-219.

年在体育课上的 MVPA 的时间至少要占体育课总时间的 50%。以上信息反映出，学生在体育课上身体活动的相关信息在体育课测评中的地位越来越高，学生在体育课上的身体活动已经为体育课测评的重要内容与指标，但目前的体育课测评体系中还没有纳入这些指标。因此，从体育课课程测评体系促进与改良角度出发，体育课需要一套更新的、更适合当前背景的测评体系。

四、测评技术发展需求

新技术和新指标的出现对体育课测评提出了新要求。体育课的测评一直以来都是主观法为主，主观测评法普遍存在标准模糊（如达到增强体质、锻炼身体的效果）、指标繁冗、对参与主体感受把握难以到位等问题。主观测评体系多数指标以定性描述和终结性评价为主，结果易受个人因素影响，意见也难以统一，测评随意性较大。在少数定量指标分析时，指标得分往往包涵完全不同的内容，对分数背后隐藏的意义缺少解释性。随着学校体育理念与思想的转变，体育课的目标也随之发生了一系列变化，教学目标由笼统转向具体，测评的指标和内容也应更加具体，测评公平性、客观性呼声渐高，这些需求的变化对传统主观测评法提出了挑战。随着科技的进步，客观测量法的逐渐成熟，国内外体育课测评以及学校体育测评中对于客观测量法的运用越来越多，对客观测量法的引入呼声也越来越高，客观测量法中的可穿戴设备凭借其客观性、精确性和便捷性等优点越来越被广大教育与科研工作者所推崇。以前体育课程中一些难以测量和无法测量的指标也具备了一定的可测基础，这为可穿戴设备测评体育课奠定了技术基础。可穿戴设备测得的指标明确而具体、测量结果客观而即时，这对于把握问题的精准性、描述问题的具体性来说更具优势，与体育课的测评需求有很高的契合度。因此，本书的研究基于可穿戴设备构建的更加客观的体育课测评体系不单是满足不断变化和发展的体育课测评需求，而且是满足测评方法和工具不断改进创新的发展需求。

第三节 研究目的

基于可穿戴设备的初中体育课测评构建与应用研究的目的在于对体育课进行科学便捷的测评，提升教学方法的有效性，调控教学过程，从而促进预期的教育教学目标的达成。

一、测评体系构建

测评体系构建涉及到评估指标选取、评估指标体系构建及论证、问卷编制、数据的采集等多个方面，本研究以多种研究方法对基于可穿戴设备的初中体育课测评的指标进行筛选与确定并纳入了新兴指标。利用德尔菲法对各项指标进行权重分析与确定，并检验体系的信效度，结合我国国情、学校体育特征及国内外相关研究，构建最终测评体系。

二、测评体系应用

利用构建的测评体系对初中体育课现状进行测评，了解当前初中体育课现状，对影响体育课的各项指标进行分析，尝试发现当前体育课中的问题，提取影响体育课测评结果的关键环节，总结提高体育课质量与效果的建议，为体育课的良好发展提供帮助。

三、普及型设备应用验证

总结实践经验，收集学生、教师及相关部门意见，对测评体系的可推广性进行提升。主要对普及型民用设备测评体育课的信效度与可行性进行验证与探索性应用，目的在于降低测量成本、简化测评操作过程、提高测评体系的可推广性。

第四节　研究意义

一、理论意义

完善体育课测评理论，促进学校体育研究。体育课的影响因素众多，包括政策、师资、场地等外部条件，对于提升学生体质健康而言这些条件确实重要，也有很多外部条件都已具备且比较完善的学校，却未有充足证据证明其学生体质健康水平高于其他学校。这种现象提示我们在关注外部环境条件因素投入增长的同时，应对内在因素给予更多关注。即从关注体育课的设施条件、开课次数（或频率）和时长到关注“体育课质量”方面的转变。本研究的任务就是基于可穿戴设备建立科学、便捷的，能够对体育课进行测评的体系，解决体育课测评中多项指标无法测、难以测的问题。第一，为可穿戴设备测评中学体育课提供技术支持，对体育课测评体系是一种完善与补充，收集大量的测评数据，有利于相关科学研究；第二，为可穿戴设备乃至民用设备用于体育课测评提供理论经验，促进可穿戴设备与学校体育的结合；第三，推进我国在学校体育测评领域的学术对话，拓展我国学生体质健康领域的研究视野和学术空间，因而具有重要的理论与学术意义。

二、实践意义

本研究的应用价值首先体现在为初中开展“高质量体育课”提供具有操作性的科学性测评方式。影响体育课测评结果的因素有哪些？该对哪些内容进行干预？该提高强度或是限制强度？如何保障课程时间的充分利用？课程的安排设计能否保证学生的锻炼与学习效果？首先，本书将基于可穿戴设备的功能与体育课测评的需求对如何解决这些问题进行操作性解答。其次，本书将进一步推动体育课测评方法从“主观化”向“客观化”的转变，推动测评标准“一刀切”向“个性化”转变，推动测评过程由“复杂繁琐”向“简便易行”转变，改变过去传统体育课程质量测评手段单一的情形，解决原来学校体育测评中部分指标“无法测、很难测”的问题，满足学校与教育部门对体育课进行测评并自主干预的需求，对体育课的改善和教学调控有帮助作用。应用研究通过测评对典型样本的数据测试与分析，从学生身体活动角度尝试发现一些长期以来难以发现的问题，为行政部门出台政策制定战略提供决策咨询。最后，对普及型民用设备用于体育课测评的信效度与可行性进行了验证，为民用设备在体育测评中的应用提供实践经验。

第二章

研究综述

第一节　概念界定

一、可穿戴设备

可穿戴式智能设备是一种可直接穿戴在身上的、便携式的甚至是植入用户身体中的一种智能微电子设备，它利用软硬件设备，通过数据及云端交互来实现强大的功能。随着移动互联网的普及和广泛应用，可穿戴式智能设备行业迅猛发展，将成为全球范围内增长快速的高科技产品之一，无疑将会是移动终端产业的下一热点。其具备以下两个特点：首先它是一种能够实现数据采集、存储和计算的软硬件相结合的设备；其次它将传感器技术、无线通信等技术嵌入到一些人们日常生活所佩戴的柔性设备中，简化了人们和设备之间的交互。1961 年，麻省理工学院的数学教授 Edward Thorp 为了赌场作弊而创造了一台可穿戴计算机后，1975 年年末，一款手腕计算器 Pulsar 正式发布，随即流行开来。但由于可穿戴设备对于消费者来说并不实际，不友好，之后的一段时间内，它的研发维持在较小的规模。到 2012 年谷歌眼镜发布，引来了媒体和广大消费者的强烈关注。目前可穿戴技术日渐成熟，大互联网巨头跨界进入可穿戴领域，成功推动了可穿戴式智能设备的进一步发展。

关于可穿戴设备的定义有很多目前尚未统一。可穿戴设备定义常有以下几种：①可以直接穿戴在身上，或者结合衣物的一种便携性移动设备，通过多软硬件技术来实现各种功能[①]；②可穿戴设备是基于移动互联网的经过智能化设计的具有高性能低功耗特点的可以穿戴的设备的总称[②]；③可穿戴设备是一种可直接穿戴在身上的、便携的甚至是植入用户身体中的一种智能微电子设备，利用软硬件设备，通过数据及云端的交互来实现强大的功能[③]；④可穿戴设备是一种将多媒体、传感器和无线通信等技术与我们的日常穿戴相结合的实现用户互动交互、生活娱乐、人体监测等功能的硬件终端[④]。分析以上定义可以发现，可穿戴设备

① 张阿维，王浩．可穿戴设备的应用现状分析和发展趋势的研究［J］．中国新技术新产品，2016，No.318（8）：15-16.

② 肖征荣，张丽云．智能穿戴设备技术及其发展趋势［J］．移动通信，2015，1（5）：9-12.

③ 钟意．可穿戴智能设备的发展现状与前景展望［J］．电子技术与软件工程，2017，000（001）：96.

④ 摘编自艾媒咨询集团《2012—2013 中国可穿戴设备市场研究报告》．2012—2013 中国可穿戴设备市场研究报告［J］．移动通信，2014（7）：15-18.

的定义较多，定义也会因主要功能不同而有所倚重，但总体理念上具有一定的一致性[①]。综合考虑，可穿戴设备的定义可暂时归结为，可以穿戴在身体上的信息交互设备[②]。它与传统测量身体活动的方法不同的是，它有内置的各种传感器，可以接收来自于自身的各项数据，这些数据被采集起来并在后台处理分析，形成比较直观的结论，展示穿戴者自身的健康情况，有时候还会给出比较直接的健康改善建议。正在进化的可穿戴设备将更多的转变为信息输入和输出的综合型设备，这种设备指既能采集数据，又能对数据作过滤处理并显示出来的设备。可穿戴设备具备以下两个特点：首先它是一种能够实现数据采集、存储和计算的软硬件相结合的设备；其次它将传感器技术、无线通信等技术嵌入到一些人们日常生活所佩戴的柔性设备中，简化了人们和设备之间的交互。本书涉及的可穿戴设备能够对佩戴者的身体活动数据进行采集，采集的指标较丰富，可以通过自带屏幕或者手机和电脑终端的屏幕将数据化的结果进行展示，佩戴者可以根据结果对身体活动进行干预，以达到更好的健身与锻炼效果。

青少年身体健康不仅关系到民族未来，而且是人类社会可持续发展的基础，也是我国实现强国战略的根本保障。身体活动（含体育活动）与健康的关系早已得到证实，充足的身体活动是实现健康的基本条件。目前制约青少年体育活动研究的一个重要因素就是缺乏一种准确、客观且经济的测量工具，准确的测量青少年体育活动是青少年体质健康研究的前提和基础。目前应用于体育活动测量的方法有主观测量法和客观测量法，主观测量法主要以问卷为主，一直面临信效度不足的问题。客观测量法有双标水法、间接测热法和运动传感器法等。这些方法大都造价高昂，操作复杂，不适合进行大样本量的测试。而可穿戴式智能设备恰好可以克服这些问题，许多基于加速度计的可穿戴式智能设备已经被证明有较好的效度也被应用到研究中，而许多可穿戴式智能设备与 Actigraph 加速度计等在基本原理上都是相同或者相似的，采用的传感器也是大同小异，可穿戴式智能设备还结合了心率、GPS、陀螺仪等其他技术，因此在理论上，可穿戴式智能设备对体育活动的健康效果应高于或至少与加速度计相当。因此，可穿戴式智能设备成为了移动端设备以及医疗健康的融合点，可穿戴式智能设备可以被应用于医疗健康行业的手环、智能手表等，通过佩戴这些移动端的设备，以形成每一个用户的健康数据，这些数据上传到服务器后，以形成大数据的支持，这些大数据将会对青少年的体质健康研究提供数据。

---

① 冯三明，田文杰．传感器技术在可穿戴智能设备中的应用分析［J］．电子技术与软件工程，2015（17）：107.

② 封顺天．可穿戴设备发展现状及趋势［J］．信息通信技术，2014，00（3）：52-57.

二、身体活动

身体活动又称体力活动（physical activity，PA）是指个体在进行任何骨骼肌收缩的，产生的能量消耗（energy expenditure，EE）总量大于机体在基础水平时的能量消耗的活动。对身体活动的理解对于身体活动测评与体育课测评来说都具有积极意义。身体活动是体育课的主要学习通路和形式，身体活动也是体育课的具体操作形式，学生在体育课上学习运动技能、锤炼意志品质、掌握运动知识都是通过身体活动来进行的[①,②]。身体活动还是实现体育课教学目标重要的衡量标准之一，体育课不仅有对学生具体的身体活动强度与量的要求，学生在体育课上的身体活动情况也能反映教学进展或教育教学目标的实现情况。因此对体育课的测评可以将身体活动情况作为一项重要的测评内容。以下对身体活动的内涵进行了阐释。从身体活动的定义可以看出“身体活动”和“能量消耗”是两个重要的且相互联系的要素。个体的总能耗（total energy expenditure，TEE）主要包括静息能耗（resting energy expenditure，REE）和活动能耗（physical activity energy expenditure，活动能耗），另外，还有一小部分的食物特殊动力学效应产生的能耗（thermic effect of food，TEF），特殊动力学能耗占比较少，身体活动测量中通常会将这部分能耗算作活动能耗中的一部分，活动能耗可以通过“活动能耗 = 总能耗 − 静息能耗”来计算。静息能耗是指维持人体 24 小时基本需求的能耗，活动能耗是指发生在静息能耗之外的所有能量消耗[③]。想要获取身体活动能耗就需要了解基础代谢率，由于基础代谢率的测试要求较高，因此多数研究退而求其次转而采用测试静息代谢率（resting metabolic rate，RMR）的方法，所以在估算个体的能耗时一般需要测量静息能耗或静息代谢率，然后再计算活动能耗或身体活动水平（physical activity level，PAL）。静息能耗的影响因素很多，包括年龄、性别、体格、体成分、种族、健康水平、运动技术水平、遗传和环境因素[④]。静息能耗是随着年龄的增长而降低的，同时伴随着体重和相关的代谢活动的降低，静息能耗与人体中肌肉占的比例相关，因此，静息能耗受到体成分的影响，尤其是净体重对静息能耗的影响最大。而男女在体成分方面存在差异，所以

① 唐炎，刘昕．学校体育学［M］．高等教育出版社，2020：76.

② 毛振明，赵立．学校体育学［M］．高等教育出版社，2001：78.

③ SARDINHA LB，JUDICE PB. Usefulness of motion sensors to estimate energy expenditure in children and adults：a narrative review of studies using DLW［J］. European Journal of Clinical Nutrition，2017，71（3）：331–339.

④ LEVINE MORGAN E，SUAREZ JORGE A，BRANDHORST S，et al. Low Protein Intake Is Associated with a Major Reduction in IGF-1，Cancer，and Overall Mortality in the 65 and Younger but Not Older Population［J］. Cell Metabolism，2014，19（3）：407–417.

静息能耗同时受到性别的影响，当然体质也影响净体重的总量和比例，因而影响静息能耗。女性相对于体型相仿的男性代谢率低 5% ～ 10%①，即便体成分接近，女性的静息能耗依然低于男性②。体格较大的个体需要更多的能耗来供给更多的身体组织需要，所以代谢率更高。而不同年龄、性别、种族等因素都能造成个体之间代谢率的差异。因此，身体活动测量精确程度可能会受到个体因素的影响。在体育课中，同班级的学生除性别因素以外，其他个体因素比较接近，因此可以以普遍的标准为主要参考对学生的身体活动进行测评，虽然会存在误差但由于团体的稳定性，误差相对较小，这对于使用可穿戴设备对体育课上的学生进行测评来说是一项优势。

三、测量与评价

测量就是按规律用数据来描述事物或现象，即对事物进行量化，评价是指衡量或判断事物或者人的价值的过程。很多时候我们所说的评价实质上同时包含测量与评价两个部分③。为了表达更加明确，我们在本书的研究中将测量与评价称为测评。测评具有过程性、计划性、目的性、和统一性的特征。测评中的测量与评价是一个整体，测量是前提基础，评价是目标和结果。只有测评手段和方法保持较高的有效性，才能对事物或人进行准确的价值判断。本书的研究目的之一就是建立有效的测评体系，对体育课进行准确测评。对体育课的测评是为了提高体育课的效率，改进和修正教学等，测评贯穿体育课的全程，以此角度通常把测评分为诊断性测评、形成性测评和总结性测评三种形式。根据测评时的主要目的和采用的对比标准，测评可以分为相对测评、绝对测评和个体测评三种测评类型。本书构建的测评体系属于诊断性评价，同时又包含相对、绝对和个体测评类型的综合测评。

四、教育测评

教育测评实质上也是一种价值判断，判断的对象是教育活动，是依据教育的目标或者相关的标准进行的价值方面和优缺点方面的判断，并以判断的结果为基

① KEYS A，TAYLOR H L，GRANDE F. Basal metabolism and age of adult man［J］. Metabolism Clinical & Experimental，1973，22（4）：579-587.

② LEONARD WR. Laboratory and field methods for measuring human energy expenditure［J］. American Journal of Human Biology，2012，24（3）：372-384.

③ 曲宗湖 . 学校体育测评理论与方法［M］. 人民体育出版社，2002：8-9.

础对教育行为活动进行有益的调整①。教育测评是以整个教育为测评范围，包含了教育的一切，体育教育也在其中。按照教育的层次，可以将教育测评划分为宏观、中观和微观 3 个方面，3 个方面是相对而言，并不是一成不变的。本书研究构建的体育课测评体系相对学校教育属于微观，相对于学生个体教育又属于宏观。微观是中观和宏观的基础，宏观是微观和中观的总领，各个层面的测评都具有各自的意义。

五、体育测评

体育测评主要包含体育测量与评价两个部分，测量是根据一定的法则赋予事物数量。即根据一定的规则对事物属性量化或符号化的过程。体育测量是指遵循一定的法则，通过仪器、设备或其他测量手段或工具，对体育范畴中的现象或者事物的某种特征或属性进行量化或定量的过程②。体育测评则是按照一定的标准，对体育测量的结果进行判断，并赋予其价值或意义的过程③。体育测量与评价是紧密联系互相依存的，测量是评价的前提，评价是测量的价值所在。测量结果的可靠、有效决定了评价的科学性。教育评价是依据相关的标准和目标，以教育活动为对象进行调查，判断其价值、优势与不足，并根据结果制定策略予以调整的过程。体育测评是教育测评在体育学科的具体应用。

六、体育课

体育课是学校体育中教学目标实现与任务完成的具体途径，是教师在体育课程所规定的时间内对学生进行系统的教学的一种形式，课程内容依据体育课程教学大纲而制定。普通体育与健康课程是以身体练习为主要手段的一门课程，主要学习内容包括体育与健康知识、体育技能和体育方法。主要目标为培养学生体育与健康学科素养和促进学生身心健康④。而体育课的质量主要是包含对体育教学与学习效果的综合评判。

七、体育教学质量测评

对教学活动的价值进行判断的活动就叫做教学测评。教学质量测评最本质的

① 袁尽州，黄海．体育测量与评价［M］．北京：人民体育出版社，2011：99-107.

② KEYS A，TAYLOR H L，GRANDE F. Basal metabolism and age of adult man［J］. Metabolism Clinical & Experimental，1973，22（4）：579-587.

③ KEYS A，TAYLOR H L，GRANDE F. Basal metabolism and age of adult man［J］. Metabolism Clinical & Experimental，1973，22（4）：579-587.

④ 季浏．我国《普通高中体育与健康课程标准（2017 年版）》解读［J］．体育科学，2018，38（2）：3-20.

属性也是价值判断，价值判断也是教学质量测量区别于教学质量测评的根本标志。这些都是为制定教学策略而服务的，是组成完整的教学过程的重要部分。由此可以看出，体育教学质量测评就是基于体育教学的教学目标，利用一些手段或者技术对体育教学的一些要素和过程进行科学测量，并判断其价值的过程。在对体育教学实践活动内容进行定性或定量，科学有效地调控体育教学，以达成预期目标。所以体育教学测评包含效果和影响两个方面内容，首先判断其价值，其次为体育教学目标的实现提供引导和助力。

八、体育学习质量测评

学习质量测评属于教学测评，是教学质量测评中的重要组成部分，是指对学生学业成绩的测评。过去的学习质量测评多是采用测验的手段或者方法，现代的学习质量测评更多的是采用开放式的方法，在任意时间收集信息从而进行测评。体育学习质量测评是教育测评的重要组成部分，以体育课程目标为指导，依据一定的评定标准，运用各类技术和方法，对学生的信息进行收集和分析，从而对学生的体育学习过程与结果进行价值的判断①。

九、体育课测评

体育课是课程的一种，属于课程的下位概念。所谓体育课，是指以学生的体能发展，学生身心健康的增进为主要目标的特殊的教学课，与其他课程相互配合，共同为学生身心的全面发展起到促进作用，属于构成学校教育的组成部分。学校体育专家周登嵩指出："体育课是指为实现学校教育目标，配合德智美的培养目标，以学生体能发展和学生身心健康为主要目的特殊课程"②。可以看出，体育课是学校教育目标实现的重要一环，是以学生的身心健康为载体的。20 世纪 30 年代，美国学者泰勒曾提出"课程测评过程的本质是确定教学计划与课程是否达到教育目标的程度的判断过程"，并提出了著名的泰勒模式。也就是说，体育课的测评是指根据课程的目标，通过科学而系统、全面而细致地搜集分析体育教育信息的基础上，依据特定的途径和方法对体育课的内容与结果等有关问题的特点与价值做出判断③。同时，也有学者认为体育课的测评就是在经过系统的调查与描述的基础之上，对学校体育课满足社会和个体需求程度做出的判断行为，对学校体育课已取得的或还未取得但有可能取得的价值进行判断，并不断进

① 姚蕾，杨铁黎．中小学体育教学评价的基本理论与实践［M］．北京：北京体育大学出版社，2004：111.
② 周登嵩．学校体育学［M］．北京：人民体育出版社，2005：88-89.
③ 于可红．体育与健康课程学习评价指标体系研究［M］．杭州：浙江大学出版社，2013：3.

行课程完善，达到教育价值增加的过程。这两种观点虽有不同但不完全矛盾，都是对体育课体现的价值进行判断的过程。总体来说，体育课测评的功能有四点，确定学生的成就并进行反馈，评估课程的效果，评估教师教学效果，评估项目进展效果[①]。

体育课测评包含内容较广泛，但本研究涉及的体育课测评内容，是指发生在体育课堂上的、在课堂情境之下的测评，测评的时空范围相对较小且固定。体育课测评内容根据参与者类型可分为教师教学和学生学习两个环节[②]，体育课的主要标准就是各项教学任务是否完成或完成程度如何，其中包含了教师的教学活动和学生的学习活动两大内容[③]。因此，本书对体育课的测评可以看作是对课上的教师教学质量和学生学习质量的测评，测评具有的功能也是局限在体育课之上的功能。

十、体育课测评体系

测评指标体系是与测评目标相关的指标及指标权重构成的集合体[④]。指标是指“揭示”与“说明”，对收集到的原始数据进行整理和分析最后得出的能够反映观察对象的特性与特征的数值和概念。指标的数值和名称是一个完整指标的构成要素，体现了事物内在的量和事物内在的质两方面的规定性[⑤]。测评对象依据测评目标分解出来评价的指标，因此这些指标可以通过一些具体的因素反映本体（测评对象）的特质，是对其进行价值判断的具体依据[⑥]。而这些具有相同特质、联系紧密的指标互相结合，构成的能够对某主体进行测评的整体就是指标体系。因此，基于可穿戴设备的初中体育课的测评体系就是，为测评初中体育课程的教师教学质量与学生学习的质量，以互相联系的相关指标结合形成的整体。

---

① HARTWIG TB，DEL POZO-CRUZ B，WHITE RL，et al. A monitoring system to provide feedback on student physical activity during physical education lessons ［J］. Scandinavian Journal of Medicine & Science in Sports，2019，29（9）：1305-1312.

② 季浏 . 体育与健康课程与教学论［M］. 杭州：浙江教育出版社，2003：131-145.

③ 姚蕾，杨铁黎 . 中小学体育教学评价的基本理论与实践［M］. 北京：北京体育大学出版社，2004：26-28.

④胡月英，唐炎，陈佩杰，等. 儿童青少年体育健身评估指标体系构建研究[J]. 中国体育科技，2019，55(02):31-38.

⑤ 楼世洲 . 我国教育发展指标体系分析［M］. 北京：教育科学出版社，2012：1-9.

⑥ 陶西平 . 教育评价辞典［M］. 北京：北京师范大学出版社，1998：1-7.

第二节　体育课测评

体育课是学校教育的重要组成部分，对于学校教育目标的实现具有重要意义。但是在现实中，体育课在学校课程中的地位似高非高，侵占体育课的现象屡禁不止，一直处于“说起来重要，做起来次要，忙起来不要”的尴尬处境。体育课在初中学阶段属于必修课程，但课时较少，除个别经济发达地区之外，大部分学校每周开设体育课的课时基本在每周 2 或 3 课时。随着国家对于体育政策的倾斜和群众对于体育的观念转变，体育课的地位在逐渐改变，但想要使体育课程的地位真正得以突出，仍有很长的路要走。我国体育课程发展经历了漫长的时间，教育思想不断变化，同时体育课程的测评也呈现出了不同的特点。因为看待体育课的角度不同，造成了体育课或体育课程的定义范围尚不明确的问题，课程的定义大体可以分为广义和狭义两种[①]，本书的研究对象是指狭义的课程，只包括体育课堂上的内容，不包括学科设置与课外活动等内容。国家在不同的阶段对体育课的测评蕴含不同的主旨与核心，在不断演变的历史过程中，体育课测评体系也随之产生了一系列变化。通过对我国体育课测评体系演变的研究，一方面可以回顾这些年我国体育教育事业的经验，另一方面也为现今和未来我国体育课政策的制定、落实与实施提供理论参考。为避免遗漏，本书在对以往经验进行总结时，包含了体育课与体育课程的测评、体育课测评与体育课程的测评发展目标是高度一致的，具有统一的历史发展逻辑，因此本部分梳理了体育课与体育课程的测评发展史，这对于体育课测评的了解同样有意义。

一、体育课测评历史发展

体育课测评属于教育测评与课程测评的下位概念，概念出现的时间较晚，是教育活动的产物，深受教育测评发展的影响，在早期体育课测评不是独立存在的，而是伴生在教育测评之中，因此可称之为教育测评伴生阶段。在我国，教育相关的测评由来已久，其历史源远流长，从战国时代的《礼记·学记》中就记载有对学生进行考核的相关内容，算是最早出现的教育测评，但此时的教育是个别授课制，因此不存在课程，也就没有体育课的测评，只能算是教育测评。自公

① 吴秋林．体育课程评价的理论与实践研究［M］．北京：人民体育出版社，2008：22-47.

元 606 年“进士科”（科举制）的出现，开始形成了比较完备的教育测评制度，算是较早的较系统和完善的教育测评活动。科举制是各国教育学者比较认可的最早的教育测评形式，具有高度的组织性，具有明显的考试性质，对世界各个国家的教育测评产生过非常巨大的影响。虽然由于种种原因，科举制度在后来的历史长河中逐渐衰落，但科举制度采用的考试测评手段，作为一种筛选人才的方法，对于教育测评起到了积极作用，科举制对于检验学生记忆能力和书面表述能力方面是非常有效的。有很多学者认为，科举制考试中的贴经、墨义、策问、诗赋等与西方学者布鲁姆的认知目标测评方式相契合，分别对应布鲁姆学习分类中的几个层次，对应认知、理解、运用、分析和综合能力测评，这样的测评方式不仅考察思想，也能体现文学与文化水平。当然这种方法也存在很多弊端，如测评内容古板，测评标准不统一等，因此对教育测评进行改进的需求一直都存在。西方教育测评的建立相对较迟，自 1219 年开始，西方国家逐渐开始出现口试与笔试，1791 年才有法国参考我国科举考试制度建立了自己的考试测评制度①。

体育课作为一个完整体系出现是在夸美纽斯创立现代学校之后，他创立了班级授课制度，算是体育作为课程出现的伊始②。在我国，体育课的系统化是以清政府颁布的《奏定学堂章程》为标志，但在当时是以体操课为名，直到 1923 年北洋政府将体操科更名为体育科。到 20 世纪，西方教育评价运动如火如荼地成长起来，其中教育测验是当时最为流行的测评手段，教育学家根据自然科学研究的统计方法形成了当时最为流行的评价方式。教育学领域的工作者们随着心理学研究的发展开始思考将心理测试方法应用于其他教育领域，尝试以此实现对学生学习情况的量化与标准化。20 世纪，“教育测验”成为最为流行的测评方式，1904 年教育测验之父桑代克提出了“一切事物皆可测量”的口号，标志着教育测验的正式开始。1905 年，我国承袭了 1300 多年的科举制度废止，西方教育评价理论开始传入中国并在 20 世纪 30 年代形成了具有中国特色的测评运动。但这些测评运动的内容基本局限于对智力、学力和人格等方面的测验，“智商”这一概念就是当时的研究者们提出的。大量的西方测量著作引入我国，同时我国很多学者也编制了大量的关于智力类测验的著作。1918 年俞子夷根据国外比纳量表仿制了表小学生国文毛笔书法量表。1920 年廖世承与陈鹤琴先生在南京高师以心理量表对学生进行了测量，算是国内较早的正式应用科学测验的例子。后来有学者对比纳量表进行了翻译与引进，在当时引起了国内不小的轰动，国内有许多

---

① 徐玖平 . 考试学［M］. 成都：成都科学技术大学出版社，1989：7.

② 吴秋林 . 体育课程评价的理论与实践研究［M］. 北京：人民体育出版社，2008：4-9.

学者开始引用与订正国外测评量表。教育测评之父泰勒提出了“教育评价”之概念，“教育测验”转向“教育测评”，表示要对学习者进行全面的测评①。随着这种引进热潮也出现了一些问题，赶时髦式的引进测评方法，随意测量甚至滥用，加上翻译的不严谨等问题的出现，导致测评运动一蹶不振，社会对教育以及其他方面测评的认识逐渐回归理性与淡然。之后我国教育评测方面经历了一段较为平淡的发展阶段。从“五四运动”前后到 1928 年是我国教育测验运动发展的一个高潮，这一时期的测评观念认为，测评的本质是测验或测量学生关于知识的记忆或特质，普遍认为测量就是评价，评价的程序就是测量工具的选择，组织测量，得出测量结果。教育测验相对之前的科举等类型的测评方式有一定的进步，一定程度上克服了旧方法的主观、古板、僵化的问题，但它同时也存在一定的问题。教育测验对于学生的评价过于机械化与数字化，学生学习的内在因素得不到体现，如学生的兴趣、情绪、鉴赏力等很难进行量化。教育测验将所有的个体看成流水线上的产品，对学生进行机械的加工与制造，产品是否合格成了检验教育的唯一标准，使得学生的成长过程缺失了很多内容。我国在此阶段也出现了滥用教育测验的情况，在教育测验发展过程中人们逐渐意识到这些问题，从 20 世纪 30 年代起，开始了对教育测验运动的批判。经过短暂辉煌后，测验运动一蹶不振。

美国“进步主义教育协会”与 1933—1940 年开展了“八年研究”，旨在尝试性的进行课程改革与研究，旨在解决学生需要与学校课程之间的冲突和矛盾。在当时，有 200 多所大学及中小学参与其中，也取得了一系列具有成效的成果。泰勒认为，旧课程及旧测验和旧测量，片面的要求学生汲取知识，测验的结果不能真正的反映学生的全部整体，不能促进学生的全面发展。他提出的教育测评，主要是衡量教育目标的达成程度，把测验和测量当成一种手段而不是结果。提倡以生活为课程的中心，提出将批判思维、社会适应、鉴赏能力等作为评价的内容，表示要对学习者进行全面的测评。1942 年进步主义教育协会发表了《史密斯－泰勒报告》，首次全面系统的提出了教育测评的方法和思想，从而奠定了现代教育评价理论的基础，形成了一个以描述性评价为主的时代。该时期的测评特点是把教育结果与教育目标相对照，以目标为标准进行描述，测评的核心是确定具体清晰的目标，测验和测量在评价中仍有重要作用而不是唯一。

相对于教育测评，我国体育测评的发展相对滞后，从科举制度以来的文武分离，到长久以来统治阶级重文轻武的治国思想下，我国体育事业的发展饱受挫

①赵亚夫.现代教育评价理论与中学历史教育评价的体系化[J].首都师范大学学报（社会科学版），1997（06）：86-94.

折，体育课程测评更是缺少发展的空间。中华人民共和国成立之前，虽有少数体育教材中列出了一些测评内容和方法，但也是难以得到实际执行。直到 1949 年以后，体育课程测评才开始真正形成，并且我国教育测评的理论和方法受前苏联影响较大，体育课程基本上照搬了前苏联的相关理念，当时苏联的主要流派为凯洛夫流派，侧重体育知识，运动技能的传授，同时注重道德品质的培养，课程测评以“三基目标”的完成情况为核心。我国引入了苏联的《准备劳动与卫国体育锻炼制度》（＜劳卫制＞），为测评体育运动技能和技术提供了依据。《劳卫制》涵盖了田径、体操和军事等内容，并建立了运动员等级制度。为促使体育教学顺利开展，我国教育部采用五级分制编制了中小学体育教学教材和大纲，但因为各种原因，导致体育课程对大纲的对接与完成难以实现。但不可否认《劳卫制》对我国学校体育和体育课程的发展起到了重要的促进作用。之后中苏两国关系破裂，教育领域也受到一定影响，苏联教育理念被完全抛弃，但当时我国教育测评并没有找到更好的发展方向，陷入了无所适从的困境，体育测评研究被迫中断。1966 年，我国各领域工作都处于停滞甚至倒退状态中，体育工作也未能幸免于难，劳动课几乎替代了体育课，甚至课外体育活动也无法开展。学校体育随着整个教育事业的低沉而陷入低谷，学生体质下降严重，体育课测评也就无从谈起。在此时期，国外教育测评研究却如火如荼的进行，涌现了“CIPP 模式”“目标游离模式”“应答”模式等著名研究成果。直到 60 年代中期，我国重新确定了体育课程的任务与目标，体育课程发展才有了新的依据，但此时期，体育课程测评的研究仍然匮乏。这一时期，体育课测评的主要依据为体育知识和运动成绩，以技术掌握、运动技术水平为主要目的的“达标”测评模式。为了控制和预测学生成绩，常常以固定的标准或者模式来评价教育对象，在这种模式下学生的个体差异得不到尊重，教学的内容等趋向一致。在体育课的测评方面单纯的强调量化与操作性，因此倾向于对运动技能和体能的测评。考核目标主要是甄别学生的技能水平，这与促进学生体质健康等目的契合度不高，学生的学习态度、行为习惯、个体差异性的发展等方面难以保留发展，因此阶段的体育课测评可看作是对体育课程的约束手段而不是促进手段，难以适应时代需求。

随着全国体育工作的恢复与中西方文化的交流，国外教育测评的理念引入到我国，增强体质的教育观念逐渐得到重视，学校体育呈现以德智体全面发展为指导方针的新局面，体育课测评重心开始偏向于关注学生身体素质方面，这一时期体力主义价值观得以推崇。1978 年以后，我国教育事业的整体蓬勃发展，随着各学科交叉渗透不断增多、统计学等学科的广泛推广与应用，体育课程测评方法得到了较好的发展。体育课程测评逐渐形成体系，测评内容得以充实，测评方法得以增强，基本做到了定量与定性分析相结合。教学效果测评、教学环境测评、教师测评以及学生测评都被纳入到体育课程测评中来。测评的方法多样且科学，定量测评得以重视。同时，为应对学生体质健康状况下降的问题，1975 年《国家体育锻炼标准》（简称＜标准＞）得以颁布，该标准对学生提出了身体素质的要求，并制定了评分规则，由行政部门主管，同时要求学校将标准纳入到学校体育工作计划。此时期，体育课程的测评主要以学生身体素质的达标为标准。《标准》的制定与实施对敦促学生进行身体锻炼，保障学生体质健康起到了积极作用，而且引起了社会对于学校体育的关注。《标准》相较于《劳卫制》有了一定的进步，去掉了军事体操内容，操作性更强，对不同年龄层次的学生建立了不同的测评标准。20 世纪 70 年代以来，身体素质教育思想成为我国体育教学思想的核心，因我国正处于社会与经济的高速发展时期，劳动者的健康是社会关注的问题，学校体育肩负着发展学生身体素质，提高学生体质水平从而为社会主义建设提供生力军的重大责任。体育教学、体育课程测评自然也会以他身体素质的发展为核心，学生体育课程的学习成绩也就是以身体数值与技能的发展为衡量标准的。对身体素质和技能的测评相对来说是比较容易且可操作的，因此该阶段的体育课程测评较多的采用了“绝对性”测评。

1978 年教育部颁布了《全日制十年制学校小学体育教学大纲（试行草案）》和《全日制十年制学校中学体育教学大纲（试行草案）》，对于学校体育发展起到了纠正作用。两项草案强调了学校体育及体育课的基本任务，突出说明了要求“争取课课练，使之有适当的密度和运动量”的具体目标，同时也较重视身体素质与体育知识的培养，算是比较完整的体育课程的测评指导。1979 年“扬州会议”召开，本次会议为我国学校体育当时存在的问题进行了讨论，并讨论制定了我国学校体育今后的发展方向，为今后学校体育的改革与探索做了较好的铺垫。1983 年为敦促学校体育的科学化与规范化，国家体委颁布了《关于进一步加强学校体育的意见》，学校体育逐渐买入正轨迎来了快速的发展。1987 年《中学生体育合格标准的试行办法》（简称＜试行办法＞）开始试行。《试行办法》提出了对中学生体育成绩全面评估的要求，并将学生的体育课程成绩与毕业升学相结合，促使学生重视体育课程，重视体育锻炼。在改革开放以后，特别是 90 年代以后，“发展体育运动，增强人民体质”的工作指导方针被提出，此方针贯彻影响了今后体育工作相当长的时间。1990 年和 1991 年国家教委分别颁布了《普通高等学校教育评估暂行规定》《教育督导暂行规定》，标志着我国教育测评工作开始比较正规地开展，教育测评与课程测评得以迅速发展，拉近了与国外的距离。为提高小学生体育课程质量，促使学生积极参与锻炼，199—1992 年我国又连续颁布了《小学生体育合格标准》和《中学生体育合格标准的实施办法》。《中学生体育合格标准实施办法》中规定，体育课成绩占体育合格的 60%，并对学生的课外体育活动与体育测验提出了具体的要求，两个办法的实施目的在于促进体育课质量，促使学生养成健康习惯，存进学生身心健康发展，为中小学体育课程的发展与测评起到了较好的指导作用。学校体育课程测评呈现出了以体育课教学效果测评为主、评估内容倾向于身体素质、技能和运动参与方面的特点。

1993 年教育部颁布了《九年制义务教育全日制体育教学大纲》之后，于 1996 年又颁布了《全日制普通高中体育教学大纲》，大纲主要强调了体育课程测评的内容，包括课堂上的表现、体育知识、身体素质和技能，其中身体素质与技能考察占到了总测评的 70%。这表明，此阶段体育课测评的侧重点依然是提高学生身体素质与运动技能，虽然相应的增加了体育知识掌握的部分，但诸如“培养学生锻炼习惯”“增强学生适应能力”的内容并不能得到体现，这些教学目标形同虚设。1997 年台湾学者黄政杰发表了《课程评价》，这算是比较早的针对课程测评的著作，主要介绍了西方课程测评的研究成果。1999 年，体育课更名为体育与健康课程，党中央国务院也提出了体育课学生学习的五大目标，首要目标便是促进学生健康增强学生体能，寓意着重于提高学生的体质健康水平与知识水平。此后，国内外教育工作者和科研工作者愈加重视影响儿童青少年体质健康的身体活动、静态行为等之前未曾涉及的因素，对学生在体育课上的身体活动量和强度的要求愈加精细化。虽然我国关于课程测评方面的专著较少，但是有毛振明、周登嵩等学者在体育教学与课程方面的专著中首先提到了体育课程的测评。此时的体育课程测评仅局限于对体育课的一般分析和专题分析阶段，一般分析是指主要从课程的任务、内容、课程组织教法及学生完成任务的情况来进行，专题分析是指，选定一个指标（如密度）对体育课程进行分析，用于定量指标的分析。在当时，这两种测评方法对体育课的教学质量提高起到了重要作用，当然也存在测量方法少，测评体系不够完整或体系性不强等缺点。纵观这一时期的体育课程测评具有以下特点：此阶段学校体育与体育课的主要目标是提高学生体质健康与体育技能的学习，但同时增加了对学生心理和社会适应能力的发展要求。强调尊重学生的主体性、能动性和个性的发展，提出了尊重个体差异的观点，将健全人性的形成比作教育目标。虽然该时期突破了以运动竞赛为主的测评模式，纳入了对课程教材、课外活动等内容的测评，但是体育课程测评偏重于对学生的学习测评，对教师教学方面的要求较少；学生学习的测评主要内容是以技能测评、体能水平的测评与体质测评为主；对学生心理、态度、价值观等方面的重视不足；测评方式以终结性测评为主，对学生个体差异及身心特点的重视不足，对于学生个体特征没有给予足够的重视，对于促进学生学习来说稍显欠缺。测评过分强调学生达标率，把达标与测评视作同等过程，学校体育及体育课围绕学生达标开展，使得师生思想中认为达标就是测评体育课程的唯一标准，从而造成课程测评的不公与唯量化等弊端。

20 世纪 90 年代，国家进行了多次全民体质健康调查，结果显示：我国学生体质健康没有明显改善与增长，反而出现了下降。1999 年，体育课更名为体育与健康课程，寓意着重提高学生的体质健康水平与知识水平。党中央国务院提出了体育课学生学习的五大目标，首要目标便是增强学生体能。体育课程的测评也受此影响开始偏向于对学生体质状况和体能影响因素的测评。国内外教育工作者和科研工作者愈加重视影响儿童青少年体质健康的身体活动、静态行为等之前未曾涉及的因素，对学生在体育课上的身体活动量和强度的要求愈加精细化。提出了学生在体育课堂上中高强度身体活动占比须达 50%，练习密度须达 75%（特殊计算方式）等概念和要求。为明确学生体育技能的学习状况与目标达成情况，唐炎等制定了体育技能评价标准《青少年技能等级标准》①，为体育教师技能教学和学生的技能学习情况提供了很好的参照。新时期体育课程的测评内容逐渐丰富，测评角度多元，测评指标更加具体，测评合理性全面性得到了较大提高。党中央、国务院下发了《深化教育改革，全面实施素质教育的决定》，意在提高学生体质，增强学生体能，体育课程更名为“体育与健康课程”，明确提出了学生学习目标。2001 年《国务院关于基础教育改革与发展的决定》明确提出了“加快构建符合教学教育要求的基础教育课程体系”，标志着我国基础教育课程改革的再次启动。随后教育部制定了《基础教育课程改革纲要（试行）》，确立改革目标，研制了课程标准和指导纲要。新的课程测评体系融合了多种教育理念，弱化测评的甄别与选拔功能，强化测评的激励与调整功能，从学业成绩论转向关注学生各方面的发展，测评的主体多元化。强调学生主体测评与过程测评，测评方法不再单一，测评内容包含过程和结果，测评方式以定量与定性结合、终结性与过程性结合。体现出了体育课程测评以人为本，尊重学生人格的测评特征，与之前各个时期的测评相比，现代体育课测评更加全面和辩证。全面主要不仅体现在

①唐炎.《青少年运动技能等级标准》的研制背景、体系架构与现实意义[J].上海体育学院学报，2018，42(03)：2–7.

测评学生在体育课程中知识与技能的掌握情况，还测评学生在学习过程中的其他的行为表现，既包含学生的能力测评又包含学生情感因素的测评。全面还体现在测评方式和内容不仅有主观方法和指标，也引入了客观测评的方法和指标，对体育课的测评不再是单纯了主观观察而是结合了更多的客观测评内容。辩证体现在，关注学生的整体水平的同时关注个体差异，不同的学生区别对待，关注学生的提升而不是最终达到的技能高度，对学习刻苦而又缺乏体育天赋的学生予以充分的肯定。因此，在体育课的测评中既要有学生个体指标又要有学生整体的指标，个体与整体相结合对体育课进行测评。这样的测评方式对于学生心理素质的发展以及自信心的培养有着良好的促进作用，容易使得学生的学习有充足的推动力。此阶段的体育课程测评注重学生个性的充分发展，对学生体能和运动技能之外的内容更加包容，对于学生态度和情感以定性的方式进行测评。该时期体育课程测评机制不断完善与发展，学校体育与体育课程改革全面展开并不断深化，学生体质健康上升为国家战略，为提升体育课程质量与效果，促进青少年体育事业的健康发展，急需构建新的体育课测评体系。

历来的体育课测评体系虽然存在诸多不同，但也有许多共同之处，可以将以上的体育课程测评体系的内容概括为教学态度、教学组织和教学效果三大方面。在评价的手段上，皆以主观测评为主，客观指标非常少见，仅有学生的心率指标。关于体育课质量与效果的测评体系中，近年的体系更加充分地尊重了学生的意愿与感受，不再是以单纯的对教师进行测评反映体育课，结合学生体育课上的各类感受的强烈程度以及对应计分标准得出学生对于体育课的质量效果的测评结果。这样的测评体系的测评角度更加全面，从体育课的结果来判断体育课的过程，具有一定的先进行。但该类测评体系需要学生充分理解问卷和填写问卷，并能对问卷涉及的相关信息真实的回答。一方面要求问卷容易理解且提问的问题准确科学有效，适应各个年龄阶段的不同学生，对问卷的制定有较高的要求；另一方面要求学生在回答问题时不会受到其他条件的干扰，做出符合实际情况的回答，避免产生激动或猜想的情况，因此测评体系的主观性很难避免。

二、国外体育课测评

国外体育课设置和我国存在较大差别，但测评方式方法上有一定可取之处，存在一定参考价值，因此予以总结寻找灵感。美国体育课的测评并没有固定的标准，总体思路是重视学生的学习过程、淡化测评的结果。他们非常重视体育教育的过程，但是对教育的结果却相对缺少关注，除了早期有一些测评学生运动技能的测评和近代测评学生体能的实践活动之外，很少以标准化的体质测试或者是报告来测评学生的学业成绩。有研究者认为，这有可能是因为教师对学生成绩或者水平的责任感不强和测评标准不够明确造成的[①]，也可能是由于没有信效度较高的测量工具或者方法去对体育教育的结果进行测评的原因造成的。美国也有很多教师认为，对初中体育课程的情况进行了解是很花费时间的一种行为，体育课的时间一般较短，所以很多教师认为不宜花时间在课堂上了解学生的各项进度，但是这些教师可能还没有意识到，如果把握学生的进度信息对于教学时间的利用率将会有很大的帮助。在美国体育课程测评中涉及到健康指标的时候，主要测评体适能，而与技能水平或竞技能力关联不大。

俄罗斯体育课测评也没有固定的内容与标准，主要以学生的活动技能和实用项目作为考核项目，与劳卫制基本相一致[②]。但俄罗斯小学一年级没有体育课考试，除一年级之外，每个年级都有很多项目的考核，考核的标准随着年级的提升而提升。学生体育成绩为三个季度考核的平均成绩。实践考核与理论考核分开，实践有专门的评分标准，理论考核采用随机抽选体育课程理论和奥运会相关理论题目进行考核的方式进行。这样的测评方式基本是以终结性评价和考察学生为主，对教师教学方面反而有所忽略。

日本体育课测评主要受到了美国教育思想的影响。日本体育课程测评方式大都是建立在相对评价的基础之上建立的主观测评，20 世纪 50 年代贯穿日本体育教学测评基本皆是相对主观测评。初中是以“健康理解”“健康习惯”“提高技能”“体育参与”四个方面进行终结性评价[③]。直到 20 世纪 70 年代，日本教育受到人本主义思想影响，体育课的测评考核的内容逐渐重视评价标准的个体化与个体差异性，特别注意关怀学习能力较低的学生群体。日本的学生可以通过每年一次的运动能力测定活动对自己的运动能力、体能发展情况进行自我测评。目前日本体育课的测评方法呈现出了多样化特征，在体现终身体育目的的基础上，测评方法上运用了诊断性测评、形成性测评、终结性测评等多种方法相结合的方式进行。而且日本在体育教育测评中还设立了达成度与进步度测评，凸显对学生个体发展的认可程度。虽然这个成绩可能不会作为学生体育课成绩测评的依据，但也反映了日本体育课测评与我国存在较大的差别。

以上国家的体育课测评内容与我国的测评相比较可以看出，西方国家更注重

① ZHU W，RINK J，PLACEK J H，et al. PE Metrics：Background，Testing Theory，and Methods［J］. Measurement in Physical Education & Exercise Science，2011，15（2）：87-99.

② 于可红 . 体育与健康课程学习评价指标体系研究［M］. 杭州：浙江大学出版社，2013.

③ 吴秋林 . 体育课程评价的理论与实践研究［M］. 北京：人民体育出版社，2008：22-47.

群众意愿，价值取向比较发散，注重体现教育的主体；我国的课程评价强调人才的培养，注重社会责任，价值取向更加集中。评价的任务层面，西方国家的学校注重学校社会激励与自我调节和改进；我国课程评价注重为学校工作的改进与改革提供更多的帮助，为政策咨询与和宏观管理提供依据。在组织形式上，西方国家的民间组织具有较高的专业性，有很多民间的权威机构组织负责进行课程评价的工作。我国则主要依靠政府部门的主导，教育行政部门组织实施，可以算作是一种国家层面对学校直接进行监督的组织形式，所以课程评价呈现出国家意志和政府意识。从体育课测评的方式方法来看，国外体育课测评应用的工具比较丰富，有主观问卷法也有客观测量设备，并且国外对于体育课测评的标准制定更加明确，如国外研制了对身体活动测评的 SOFIT（system for observing fitness instruction time）量表、自我效能（self-efficacy）量表等，这些量表的内容指向性明确，指标的标准也更清楚，但较少见到成体系的测评模板，一般是针对某个内容的测评，如测评教学环境、测评学生感受等，很少有把这些因素全部加权在一起的测评体系。具有系统性的测评体系一般存在于专著或教材中，测评的内容随着学期的进度处于不断变化的过程之中，整个学期以恒定指标进行测评的模板相对较少。国外的这种测评风格具有一定的优势，能够对测评对象进行更深入的分析，测评的结果相较准确，指标解释也更有针对性。但也存在一定的问题，这些测评互相之间的关系不够紧密，很难对整体做出评价，如果将各个量表综合使用则会造成工作量骤增的问题。本研究也将以此为鉴，吸取有用经验规避易有缺陷。

三、国内体育课测评

国内体育课的测评发展时间较长，成果也较丰富，各个时期均有学者对体育课的测评构建出完整体系。早在 1982 年，就有学者张岑[①]按照课程的目标将体育课的测评内容划分为 6 个部分进行了测评：课前准备，思想教育工作，增强学生体质的效果，掌握体育知识、技术、技能的情况，课的组织教法和教师的主导作用，对 6 个部分各自目标的达成情况进行了分别测评，依据配套的计分表，对每项内容进行对应打分，最后将各个测评结果结合在一起形成最终的评价。该测评体系是将学生学习的内容与教师教学的内容进行了类别划分，各个部分的要求比较容易理解，各个部分纳入的内容也比较清楚。该体系的定性描述较多，多项内容同属一个计分项目的情况较多，比较适合经验丰富的专家和老师

① 张岑 . 怎样分析体育课［J］. 中国学校体育，1982，（1）：19-20.

使用。钱耀庭等[①]根据教学中教师和学生的表现以及学校体育目标等因素，构建了体育课评价指标体系，该体系包含“教师教学能力”“学生心理”“教练身体效果”与“掌握三基程度”四个部分。该体系包含了部分客观指标，如学生的生理负荷，是以学生心率所处的范围进行计分。该心率取值范围是恒定的，而随着学生年级与年龄的变化，学生心率与负荷的对应关系可能产生变动。因此该体系较适合固定年龄阶段的学生群体。针对对此问题，本研究构建的测评体系是以心率指数为指标之一，降低了年级与年龄的影响。钱耀庭构建的测评体系的观察点条理清楚，每个条目的计分标准也较明确，但定性描述稍多，需要测评专家和教师具备较丰富的计分经验。张超慧对前人构建的测评体系进行了总结与梳理，发现以往的测评体系大都可以将体育课的测评分为 3 个“评价因素”：教学态度、教学水平与教学效果，每个“评价因素”包含多个“具体内容”，以“具体内容”的实施情况作为测评的观测点[②]。张超慧对历来的体育课测评体系进行了总结，对于评价体育课的共通之处进行了提炼，并根据前人经验构建了新的测评体系。所构建的体系测评的对象是教师，对学生的要求较少。张超慧后来在体育课测评研究中指出可以以学生的“生理负荷”和学生“身体素质的发展”来反映教师的“教学效果”，这也是本研究所构建的测评体系中的原理之一。学校体育专家姚蕾教授根据前人研制的问卷，在经过一系列论证与改进的基础上制定了一版新的体育课测评体系[③]。该测评体系汲取了以往体系的优点，构建思想较现代。在积累了大量前人经验的基础上构建的新体系，内容丰富、指标全面、评分清楚，纳入了部分心率等客观指标，是当前体育课测评实践中重要的参考标准之一。学者张友龙等依据体育课的各类目标，将体育课的测评内容概括为五大类：主导思想，任务完成，增强体质，组织教法与思想教育以及包含的 15 个小项，评分等级划分为五级。五级分别对应不同的分数，配以不同的权重，综合得出最终的结果。该体系将测评形式上并无本质变化，测评内容具体化，指标更加详尽。姚蕾教授将课堂评估按照时间顺序和课堂的结构分为：教学准备、教学过程和教学效果三个部分，每个部分下分 2 至 6 个观察指标，各个指标的评价分为“优”“良”“中”“差”四个等级，以定性描述为主。例如“教学准备”中的“课前准备”的评价内容是“场地布局合理，整洁美观，现有条件利用率高”。等级标准对应的分值为“区间”计分，并没有具体的对应分值[④]。姚蕾教授认

① 钱耀庭．学校体育学［M］．北京：人民体育出版社，1983：22-43.
② 张超慧．学校体育评价［M］．成都：四川大学出版社，2005：35-36.
③ 姚蕾，杨铁黎．中小学体育教学评价的基本理论与实践［M］．北京体育大学出版社，2004：111-196.
④ 姚蕾，杨铁黎．中小学体育教学评价的基本理论与实践［M］．北京体育大学出版社，2004：111-196.

为，学生是体育课堂的主要参与者也是体育课的教学对象，对教学质量和效果具有最高发言权，学生在课堂上的真实感受是教学质量效果的重要评价标准。而实际上，体育课测评长期以来都是以专家和教师或者学校的有关领导进行的，这种评价大都属于外部评价，是测评人依据自身的专业知识素养与职业经验进行的，虽然测评结果具备一定的参考价值和有效性，但是这样的测评对于学生行为背后的信息无法全面考虑，因此具有一定的局限性。

当前我国的体育课测评体系融合了多种教育理念，弱化了测评的甄别与选拔功能，强化了测评的激励与调整功能，从学业成绩论转向关注学生各方面的发展，测评的主体多元化。强调学生主体测评与过程测评，测评方法不再单一，测评内容包含了过程和结果，测评方式以定量与定性结合、终结性与过程性结合。体现出了体育课测评以人为本，尊重学生人格的测评特征。与之前各个时期的测评相比，现代体育课测评更加全面和辩证。“全面”主要体现在不仅测评学生在体育课程中知识与技能的掌握情况，还测评学生在学习过程中的其他的行为表现，既包含学生的能力测评又有学生情感因素的测评。“全面”还体现在测评方式和内容不仅有主观方法和指标，也引入了客观测评的方法和指标，对体育课的测评不再是单纯的主观观察而是结合了更多的客观测评内容。“辩证”体现在关注学生的整体水平的同时关注个体差异，不同的学生区别对待，关注学生的提升而不是最终达到的技能高度，对学习刻苦而又缺乏体育天赋的学生予以充分的肯定。在体育课的测评中既有学生个体指标又有学生整体的指标，个体与整体相结合对体育课进行测评。这样的测评方式对于学生心理素质的发展以及自信心的培养有着良好的促进作用，容易使学生的学习有充足的推动力。现代体育课程测评注重学生个性的充分发展，对学生体能和运动技能之外的内容更加包容，对于学生态度和情感以定性的方式进行测评。体育课测评机制不断完善与发展，学校体育与体育课改革全面展开并不断深化，学生体质健康上升为国家战略①。

四、历史启示

测评体育课堂教学和学生学习的本质是测评体育课堂的教学质量与效果，与此相关的研究有“体育学习测评”“有效体育教学”“体育教学质量测评”等。从已有研究中的测评要素构成进行分类，大致分为 4 种类型：①基于学科本位对体育课教学质量进行测评，此类研究多集中在新课程改革之前②；②基于教师本

①陈长洲，王红英，项贤林，等.改革开放40年我国青少年体质健康政策的回顾、反思与展望[J].体育科学，2019，39（03）：38-47+97.

② 徐金尧.学校体育课堂教学质量评估体系与标准的研究［J］.体育科学，1999，19（6）：20-22.

位对有效体育教学进行探索，此类研究虽在新课改后较为常见，但测评要素中忽视了学生在课堂中主体地位，难以体现育人效益的全面性①；③基于师生交互对体育课教学质量进行测评，此类研究中的测评要素较为全面，同时突出了“学生为主体、教师为主导”理念之于体育课堂教学质量的作用②,③；④基于个人多年的科研和教学经验，以系列研究的形式对体育课教学质量进行分析，此类研究的实践指导价值虽然较高，但在科学性方面还有待进一步提高和改进④。结合以上内容对现有体育课测评的特征与问题总结如下。

测评方式方法方面，以往体育课测评几乎完全依赖主观法。在测评体育课的质量或效果时，这些方法或主观性强，容易附着情绪色彩，测评专家容易受到本身喜好的影响。虽然在测评时可以通过采用“摸脉搏”来测量学生的身体负荷强度，虽然此方法能够获得学生的心率数据，但操作稍显麻烦，并且不能随时实施测量，而是需要等到课程间歇或者其他方便的时间，而测得的心率也只是瞬时心率，难以代表体育课的整体情况。随着课程改革的推进和新思想的出现，MVPA等新概念逐渐成为体育课测评的重要内容，而这些内容却很难以主观法直接进行测量，虽然有 SOFIT 量表测量法，但操作难度较高，工作量大，难以推广。目前，测评方式方法方面仍没有一致的意见。

体育课测评方式仍以定性为主并且缺少统一标准。无论以上课程评价的指标如何变化，角度如何转换，测评体育课的方式都是以描述定量为主，但描述与定量的内容往往较模糊，如教学效果中的“发展身体的任务完成好，学生运动能力强，能定时、定量完成练习要求。”何为任务完成好？何为运动能力强？何为定时、定量？并没有明确的衡量标准。若不能明确地解释这一问题或者提出界限性比较明显的标准，那么在给体育课程评价的时候就往往会造成主观上的偏颇。

以终结性测评为主，缺少纵向和横向对比，过于注重教师表现。目前体育课程的测评手段主要依赖于观察教师表现或有限数量的学生的表现，或现场观察或视频观察⑤，很难建立学生个人表现的档案，无法衡量成长变化（增量增长情

① 胡永红．有效体育教学的理论与实证研究［D］．福建师范大学，2009.

② 沈丽群，季浏，王坤．我国中小学体育课堂教学质量评价指标体系的构建——基于质性研究［J］．天津体育学院学报，2015，30（03）：211-215.

③ 汪晓赞，尹志华，HOUSNER L D，等．美国国家体育课程标准的历史流变与特点分析［J］．成都体育学院学报，2015，41（02）：8-15.

④ 毛振明，叶玲，杨多多．论体育课教学质量的探与究［J］．体育教学，2016，36（05）：10-13.

⑤ HARTWIG TB，DEL POZO-CRUZ B，WHITE RL，et al. A monitoring system to provide feedback on student physical activity during physical education lessons ［J］. Scandinavian Journal of Medicine & Science in Sports，2019，29（9）：1305-1312.

况），也不能进行个体之间的横向对比。而且不同的测评体系或者测评系统都有各自的测评领域范畴和内容，这些体系和系统之间的指标和测评方式以及得分都各不相同，所以各个测评结果之间无法或者很难进行横向对比。多数测评体系的作用效力持续时间较短，不能随着时间而改进。对体育课进行测评时，几乎是单方面测评教师表现，而不同的班级学生的兴奋程度不同，同样的教师激活性却可以产生不同的课堂表现，因此测评过程也需要考虑学生的表现。

体育课测评指标众多，内容宽泛，过程复杂，重点不够突出，很多指标指标之间存在关联。多数测评体系的计分方式比较繁复，利用这些方法对体育课程进行测评的时候，往往要求测评者注意力高度集中，测评量表内容指标较多，测评者短时间内难以兼顾，打分者难有精力从其他方面观察体育课程，容易遗漏重要信息。对于一些特殊指标，一旦错过观察时间，更是难以追溯，多种因素综合就很容易造成测评结果的偏颇。体育课的测评内容与其被赋予的功能和目标紧密相关，测评的内容应与功能和目标想呼应。但有学者曾在探讨学校体育功能的相关研究中指出，从体育课测评内容看，体育课疑似存在功能泛化的问题，体育课的功能涉及多个领域各个层次。从不同研究者对体育课测评说明的整理结果看，体育课几乎无所不能，体育课程的功能必然受到影响，也随之泛化。实际上，体育课程测评内容和指标中关于心理教育、德育教育的指标应该给予肯定但也应受到适当地约束，体育课程在这些方面的功能定位属于辅助角色而不是主力角色。但目前体育课程似乎更注重自己的教育辅助角色而不是体育方面的主要角色。与此同时在此学校体育功能泛化背景影响之下，对学校体育与体育课程测评的过程中，测评内容就显得过于繁冗，育人功能无限制接受，而对于学校体育与体育课程的主要内容测评要求就显得不是十分突出。因此，体育课程测评中应突出体育课程的主要目标，提高对主要指标的计量比重，凸显体育课程的本质功能。

新兴指标尚未纳入，测评体系待改进。身体活动对学生体质健康存在及其重要的影响，体育课上学生身体活动情况已经引起了多方重视。由中共中央、国务院印发的《‘健康中国 2030’规划纲要》中明确提出要对学生每天锻炼一小时的目标进行加强与保障。表明了政府和国家对于儿童青少年身体健康的重视以及对其身体活动方面的要求，学校体育以及体育课在此目标体系下承担着重要的责任和义务，对于体育课上学生身体活动的评价研究越来越多，将身体活动纳入体育课程质量评价的呼声也越来越高。如何将身体活动纳入体育课测评体系，体育课上的身体活动该如何测评将是本研究解决的核心问题之一。

体育课程测评特征与问题总结如下。第一，测评的内容从注重体育知识及技能转向了关注促进学生体质健康。当然，这不代表着前者与后者的矛盾，也不是意味着前者放弃了学生体质健康后者放弃了运动技能，而是两个时期内体育课目标的侧重点有所不同。在当前全球儿童青少年体质健康持续下滑的背景下，体质健康的诉求更加迫切，因此新时期对体育课的测评中，学生体质健康促进的内容比重理应逐渐增大。第二，体育课测评指标丰富但复杂。自体育课出现系统测评以来，出现了很多体育课程或体育课的测评体系，各个体系建立的视角不同，因此造成了众多测评体系的指标丰富但却又显繁杂。一方面说明测评体系覆盖的内容较全面，另一方面也造成了测评的难度增高，还因为指标的数量众多而使得测评的效率不高。第三，测评方式仍以主观法为主。已有的测评体系，对各项指标具体内容都是以主观描述为主，如测评教学态度时，以“教学设计是否合理”作为测评标准。而教学设计是否合理完全是由观察者决定的，带有强烈的主观性，容易受到观察者个人喜好等主观因素的影响，对于体育课测评公平性来说存在不利影响。第四，对体育课测评体系改进的需求越来越大。随着科技的进步，以前体育课中一些很难测甚至不能测的指标已经具备了测量的条件和基础，这些指标的可测，意味着传统测评体系需要进一步改进适应时代与技术的进步，因此体育测评的需求越来越大。第五，体育课测评客观化趋势越来越明显。正如科学的发展趋势一样，体育课的测评也逐渐由定性向定量方向发展，可穿戴设备的出现为客观测量体育课提供了新思路与新方法，使得体育课测评客观化具备了一定的现实基础。第六，体育课测评方式由终结性测评向过程性测评转变，更加注重个体差异，更加突出测评的甄别与激励作用，测评的价值才能得以更深的发掘，而大多传统测评是以“点评”为主，对体育课指标的测评大都属于“瞬时”测评。第七，课程改革之后学校体育中对体育技能学习的偏见，对学生快乐体育的过度吹捧，使得学校体育乃至体育课程评价进退维谷，既不能大胆要求学生技术水平或者竞技能力，更不能对“派生功能”“代偿功能”辅助角色方面进行评价。第八，测评偏重于教师。我国历来构建的测评体系中都偏重于对教师教学方面的评价，而对学生的要求较少，一般是以学生的表现作为评价教师的参考，除考试之外，对学生并无具体要求导致教师课堂主动权不足。针对以上问题，构建新的体育课或体育课程的测评体系是十分重要且十分迫切的。

随着科技的进步，以前体育课中一些很难测甚至不能测的指标已经具备了测量的条件和基础，这些指标的可测，意味着传统测评体系需要进一步改进适应时代与技术的进步，因此体育测评的需求越来越大。体育课测评客观化趋势越来越明显。正如科学的发展趋势一样，体育课的测评也逐渐由定性向定量方向发展，可穿戴设备的出现为客观测量体育课提供了新思路与新方法，使得体育课测评客观化具备了一定的现实基础。体育课测评方式由终结性测评向过程性测评转变，更加注重个体差异，更加突出测评的甄别与激励作用，测评的价值才能得以更深的发掘，而大多传统测评是以“点评”为主，对体育课指标的测评大都属于“瞬时”测评。针对以上问题，本研究构建了基于可穿戴设备的初中体育课测评体系，尝试解决以上问题。

第三节　可穿戴智能设备

一、可穿戴智能设备简介

随着现代电子科技的快速发展，近年来可穿戴（或智能）设备大量涌入市场，对身体活动测量测评方面起到了前所未有的推动作用[①]。可穿戴设备是一种人机交互工具，已成为当前社会常备工具之一。可穿戴设备在身体活动即时测量方面展现出了其他测量手段不可替代的优势，在身体活动测量方面表现出了较高潜力并吸引了众多研究者们的注意。实际上可穿戴设备出现较早，但直到2012年谷歌眼镜面世才正式进入人们的视野，2012年也因此被称为“可穿戴设备元年”，需要注意的是谷歌眼镜属于可穿戴设备中的智能设备，可穿戴设备其实在此之前就已经出现。1937年Alan Turing率先开发了计算机的原型[②]，直到1952年Geoffrey Dummer完善了集成电路，计算机数字时代才真正开展。但在1980年之前计算机主要用于处理数据和文本。1990年互联网开始出现，计算机的各项功能开始融入我们的日常生活[③]，此后有很多计算机企业开发了各种计算机平台，为人们的信息交流提供服务。随着互联网的深度开发与计算机技术的持续进步，2000年后已经有研究人员和卫生相关人员开始将计算机技术应用到身体

①SHULL PB，JIRATTIGALACHOTE W，HUNT MA，et al. Quantified self and human movement：a review on the clinical impact of wearable sensing and feedback for gait analysis and intervention ［J］. Gait Posture，2014，40（1）：11-19.

②Turing，A. On computable numbers，with an application to the entscheidungproblem. Proceedings of the London Mathmatical Society ［J］，1937，42（1），230-265.

③GAO Z. Technology in Physical Activity and Health Promotion，F，2017 ［C］：4.

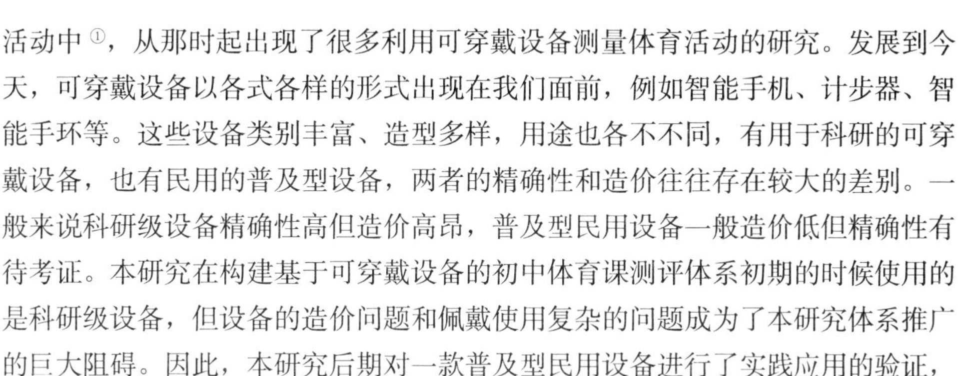

活动中①，从那时起出现了很多利用可穿戴设备测量体育活动的研究。发展到今天，可穿戴设备以各式各样的形式出现在我们面前，例如智能手机、计步器、智能手环等。这些设备类别丰富、造型多样，用途也各不不同，有用于科研的可穿戴设备，也有民用的普及型设备，两者的精确性和造价往往存在较大的差别。一般来说科研级设备精确性高但造价高昂，普及型民用设备一般造价低但精确性有待考证。本研究在构建基于可穿戴设备的初中体育课测评体系初期的时候使用的是科研级设备，但设备的造价问题和佩戴使用复杂的问题成为了本研究体系推广的巨大阻碍。因此，本研究后期对一款普及型民用设备进行了实践应用的验证，旨在降低测评体系的成本，解决设备的使用便捷性等问题，以此来提升本测评体系的推广性。

二、可穿戴智能设备分类及特点

为构建基于可穿戴设备的初中体育课测评体系，以下针对研究中常见的用于身体活动测评的可穿戴设备的类别、操作特点等方面进行了总结与梳理，为设备选用和体系构建做好准备。

（一）气体分析仪

气体分析仪是间接热量测定法中最具代表性的工具，常被当作检验新方法的金标准②，是实验室条件下和限制性情境中最常用的能耗测量法之一。它通过测量人体吸入的 O_2 量和呼出的 CO_2 量差值来计算消耗的氧气量，根据耗氧量计算身体活动的能量消耗，这种测量方式结果也比较精确可靠。最初气体分析法需要使用道格拉斯气袋③。随着科技的进步先后出现了混合仓法④与 Breath-by-breath 法，后者是通过佩戴密封的面罩，分析每一次呼出气体的 VE、O_2 和 CO_2 浓度，随着无线传输技术的应用，出现了便携式遥测气体代谢仪，可以让佩戴者在更自由的状态下进行身体活动⑤。但是这些仪器和方法也

①Nigg CR. Technology’s influence on physical activity and exercise science：the present and the future［J］. Psychology of Sport & Exercise，2003，4（1）：57-65.

②BREHM MA，HARLAAR J，GROEPENHOF H. Validation of the portable VmaxST system for oxygen-uptake measurement［J］. Gait Posture，2004，20（1）：67-73.

③ SHEPHARD RJ. A critical examination of the Douglas bag technique［J］. Medicine & Science in Sports & Exercise，2012，44（7）：1407.

④ MACFARLANE DJ. Automated Metabolic Gas Analysis Systems［J］. Sports Medicine，2001，31（12）：841-861.

⑤ 陈俊飞，汤强，严翊，等 . 常见便携式遥测气体代谢仪核心测量指标的信度和效度分析［J］. 体育科研，2017，38（06）：67-73.

存在一些问题，测试时会要求受测试者必须佩带密封良好的面罩，穿戴背负仪器和电源的背心或背带（图 2-1），如此一来，受试者可以进行简单的身体活动，但不能进行幅度较大的剧烈活动，并且使用者的视线会受到面罩的影响、身体活动的范围还是会受到一定限制。其操作复杂和造价高昂的特点，也限制了在体育课上的应用①。

图 2-1　意大利产 K5 遥测心肺功能测试仪

（二）计步器

计步器可以说是目前受众最广的运动传感器②，计步器造价较低，体积较小，使用和佩戴都比较简单，对受试者的身体活动影响较小。计步器测量和指导人们的方式是以“每天的步数”为指标（表 2-1），容易被大众理解[1]。计步器在常规情况下能够比较准确的记录行走时的步数，甚至可以估算对应的身体活动水平。有研究者推算出了步数和一日总能量消耗的公式③。但计步测量在精确性上存在诸多缺点，计步器的精确性收到体型与步态的影响较大。因为个体没有经过步数与距离之间的校准，计步器不能作为计量距离的工具，也就不能计量人体的做功与能耗④。因此，想要以计步器对课堂上学生复杂的身体活动能耗进行测量很难实现。

---

① 邢慧娴，杨功焕 . 身体活动的测量与评价［J］. 中国自然医学杂志，2010，12（02）：148-150.

② HILLS AP，MOKHTAR N，BYRNE NM. Assessment of physical activity and energy expenditure：an overview of objective measures［J］. Frontiers in nutrition，2014，1（5）.

③ 戴剑松，李靖，顾忠科，等 . 步行和日常体力活动能量消耗的推算［J］. 体育科学，2006，26（11）：91-5.

④ TUDORLOCKE C，WILLIAMS JE，REIS JP，et al. Utility of Pedometers for Assessing Physical Activity［J］. Sports Medicine，2004，34（5）：795-808.

表 2-1　健康成人身体活动水平与每日步数对应关系

身体活动水平	每日步数
静态行为过多	＜ 5000
身体活动不足	5000 ～ 7499
身体活动尚可	7500 ～ 9999
身体活动正常	10000 ～ 12500
身体活动充足	＞ 12500

（三）加速度计

加速度计是目前较为成熟的也是更为复杂的运动传感器，通过感应水平面、冠状面和矢状面和垂直面方向的加速度值来推算身体活动的时间和强度，加速度计的发明被认为是从自我报告法以来身体活动测量领域最具实质性的进步[①]。ActiGraph 等设备被国内外很多研究证明能够较为准确地测量体力活动，已经被广泛应用于各类体力活动的研究中[②]。加速计的内部核心是由压电元件及震动体组成的传感器，震动体能够感应运动中的加速度，然后作用于压电元件产生电信号，经过计算机处理后得出加速度计数，进而推算出能量消耗[③]。加速计法能够通过计算机处理得出身体活动的强度、持续时间、频率，且能被广大儿童接受[④]，适用于不同年龄段，使用广泛，同时，加速计法也能准确测量一些特殊人群的身体活动情况[⑤]。有研究表明有 63% 的运用运动传感器法进行身体活动测量的研究，是以加速计为核心元件完成的[⑥]。有研究者以双标水法为“金标准”对加速度计测量日常身体活动的效度进行了验证，结果表明使用加速度计可以一定程度上反映身体活动能量消耗的基本情况[⑦]，但能否使用加速度计对特殊人

---

① ANDERSEN L B. Accelerometer-measured daily physical activity related to aerobic fitness in children and adolescents［J］. Journal of Sports Sciences，2011，29（9）：887-895.

② 王军利，张冰，贾丽雅，等 . Actigraph（GT3X）加速度计测量我国 19 ～ 29 岁人群身体活动能耗的效度研究［J］. 体育科学，2012，32（12）：71-7+92.

③ 陈佳，李廷玉 . 儿童身体活动测量方法研究进展［J］. 中国儿童保健杂志，2012，20（08）：713-715+48.

④ ROBERTSON W，STEWARTBROWN S，WILCOCK E，et al. Utility of Accelerometers to Measure Physical Activity in Children Attending an Obesity Treatment Intervention［J］. Journal of Obesity，2010，2011（2011）：1416-1432.

⑤ CAPIO CM，SIT CH，ABERNETHY B. Physical activity measurement using MTI（actigraph）among children with cerebral palsy［J］. Archives of Physical Medicine & Rehabilitation，2010，91（8）：1283-1290.

⑥ OLIVER M，SCHOFIELD GM，KOLT GS. Physical activity in preschoolers：understanding prevalence and measurement issues［J］. Sports Medicine，2007，37（12）：1045.

⑦ 刘爱玲，李艳平，宋军，等 . 加速度计对成人日常体力活动测量效度的研究［J］. 中华流行病学杂志，2005，26（3）：197-200.

群的能量消耗做准确测量仍未有定论①。加速度计的优点是可以提供活动强度和活动频率等信息，其输出结果更能反映人体的真实活动情况，但加速度计对上楼梯、骑自行车和搬运物体等非全身运动和非平面运动的测量并不准确。目前ActiGraph被认为是目前测量身体活动最准确的加速度计，本研究在采集数据时也使用的此品牌加速度计。也有一些加速度计可以佩戴于腕部类似于手表，小巧简便，准确性较高，但一般来说，加速度计的佩戴距离重心越近精确度越高。加速计的选择可能会影响测量的准确性，推荐采用小巧、持久、坚固、能够精确测量各种幅度的身体活动且能够储存较高时间分辨率信息的加速计。加速度计表现出了与体育课测评较高的契合性，国内外已有很多学者利用加速度计对体育课进行了单项测评研究②，利用加速度计测评体育课唯一的障碍或者困难或许就是它的造价较高昂（表2–2）。

表2–2 身体活动测量常用加速度计及功能

序号	名称及型号	主要功能	佩戴部位
1	Actical	身体活动及能耗估算	腕、腰、踝
2	activPAL3	身体活动及身体姿势识别	大腿
3	ActiGraph GT1M	身体活动及能耗估算	腕、腰、踝
4	ActiGraph GT3X	身体活动及能耗估算	腕、腰、踝
5	ActiGraph GT3X+	身体活动及能耗估算	腕、腰、踝
6	ActiGraph wGT3-BT	身体活动及能耗估算	腕、腰、踝、大腿
7	ActiGraph GT9X Link	身体活动及能耗估算	腕、腰、踝、大腿
8	BodyMedia Armband	身体活动及能耗估算	腕
9	Fitbit Charge	计步，距离，身体活动及能耗估算	腕
10	Fitibit Flex	计步，距离，睡眠，身体活动及能耗估算	腕
11	Fitibit One	计步，距离，睡眠，身体活动及能耗估算	腕
12	Garmin Vivofit	计步，距离，睡眠，心率及能耗估算	腕
13	Jawbone UP	计速，距离，能耗估算，睡眠	腕
14	Lifetrak C200	计步，距离，心率，脉搏追踪、能耗估算	腕
15	Misfit Flash	计步，距离，睡眠，能耗估算	腕、腰、踝、大腿、肩
16	Misfit Shine	计步，距离，睡眠及游泳，能耗估算	腕、腰、踝、大腿
17	MOVband Model 2	计步，身体活动及能耗估算	腕

① GRAAUW SM，GROOT JF，VAN BM，et al. Review of prediction models to estimate activity-related energy expenditure in children and adolescents［J］. International Journal of Pediatrics，2010，（2010-05-31），2010，2010（2）：489304.

② 刘阳. 基于加速度计的身体活动测量研究前沿［J］. 北京体育大学学报，2016，39（08）：66-73.

续表

序号	名称及型号	主要功能	佩戴部位
18	Nike Fuelband	计步，距离，身体活动及能耗估算	腕
19	NL-1000	计步，距离，活动时间	腕
20	SenseWear Pro Armband	身体活动及能耗估算	手臂
21	PolarLoop	计步，睡眠及能耗监控	腕

（四）心率计

心率计按佩戴方式一般可分为胸带式和手腕式，目前普遍认为胸带式精确度较高，但随着技术的进步，手腕式心率计的精确性也越来越多的被认可[①]。心率计采集心率的原理大体可分为两类，一类是利用电极贴片，感应心脏电流信号采集数据，这类采集方式精确度高，但成本较高、操作较复杂。另一类是利用光电容积脉搏波描记法原理，利用光电感应血液在皮肤下流动的脉动情况转化成电信号，获取对应的心率信息，此类方法精确度也很高，而且可以佩戴在手腕或胳膊，佩戴位置并不局限于胸部（图 2-2）。心率（heart rate，HR）检测法的原理是根据在一定强度范围内，如 110 到 150 次 / 分，心率与 VO_2（摄氧量）之间存在的线性关系，以一定的频率采集心率数据，通过心率计算出 VO_2，再通过 VO_2 得出身体活动的能量消耗。Strath 等在校正了年龄和体适能的关系之后，测得心率与耗氧量的相关系数为 0.68，所以心率在一定条件下可以作为测量身体活动的一种客观指标[②]。Spurr 等在 1980 年首次提出"曲线心率法"也叫"拐点心率法"，主要用于预测受试者的能量消耗。它需要根据每个人的不同状态（平卧、坐位、站位等）建立独立的心率与能量消耗曲线关系，在预测能量消耗时，若心率值高于曲线心率可根据 HR-VO_2 的曲线计算出能量消耗；若低于曲线心率则需要根据安静代谢率计算能量消耗[③]。心率检测法能够比较客观、持续的测量身体活动能量消耗，同时还能记录身体活动的强度、持续时间及频率且精确度高。与其它客观分析法相比，心率计对受试儿童行为影响较小，且不受性别及体质水平的影响[3]。但心率易受环境（如焦虑、压力及体温等）的影响，对低年龄儿童测量准确性欠佳，也难以应用于大规模人群的调查。另外心率计虽然有不低于加

① WANG R，BLACKBURN G，DESAI M，et al. Accuracy of Wrist-Worn Heart Rate Monitors ［J］. Jama Cardiology，2017，2（1）：104-106.

② STRATH SJ，SWARTZ AM，JR BD，et al. Evaluation of heart rate as a method for assessing moderate intensity physical activity ［J］. Med Sci Sports Exerc，2000，32（9 Suppl）：465-470.

③ 陈佳 . 儿童身体活动测量方法研究进展［J］. 中国儿童保健杂志，2012，20（8）：713-715.

速度计的准确性，但心率不能反映身体活动的方式，所以在以心率转换为能量消耗的时候，效度会有一定程度的降低。随着科学技术的发展，心率监测仪结合加速度计等其他设备进行测评已引起众多关注[①]。体育课环境相对稳定单一，可有效降低环境对心率的影响，因此心率计也与体育课表现出了较好的契合度。

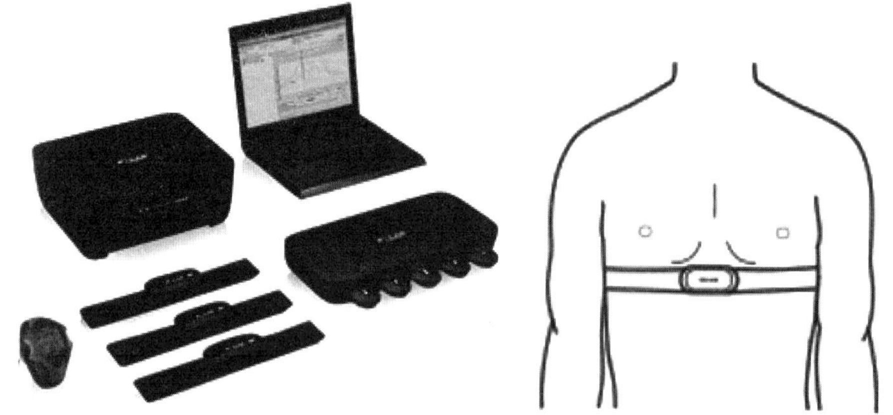

图 2-2　Polar 心率测试胸带

（五）联合设备

鉴于没有一种技术或设备能够单独的量化人体在运动或日常生活中的能耗，所以产生了多设备联合测量的需求，即联合设备测量法[②]。加速度计与心率计联合测量能耗的方法是目前最具潜力的途径[③,④]。可穿戴智能设备是身体活动测量领域的新兴工具，它不但结合了加速度计与心率计，还能联合其他测量方法，获取的信息更加全面，一定程度上可以认为它是联合测量法的代表。可穿戴智能设备造价相对较低，操作简单，佩戴方式多样，可对使用者的身体活动状况进行长期的跟踪，而且能够即时的反映使用者的身体活动情况。但是，可穿戴智能设备精确度往往并不稳定，不同品牌、不同类型的设备存在较大差别，针对不同身体

---

① DUNCAN JS，BADLAND HM，SCHOFIELD G. Combining GPS with heart rate monitoring to measure physical activity in children：A feasibility study ［J］. Journal of Science & Medicine in Sport，2010，12（5）：583-585.

② SCHUTZ Y，WEINSIER RL，HUNTER GR. Assessment of free-living physical activity in humans：an overview of currently available and proposed new measures ［J］. Obes Res，2012，9（6）：368-379.

③ Brage S，Brage N，Franks PW，et al. Branched equation modeling of simultaneous accelerometry and heart rate monitoring improves estimate of directly measured physical activity energy expenditure ［J］. Journal of Applied Physiology，2004，96（1）：343-351.

④ 温煦，袁冰，李华，等. 论智能可穿戴设备在我国体力活动大数据分析中的应用［J］. 中国体育科技，2017，53（02）：80-87.

活动类型和不同受试对象时也存在差别。有研究表明，在利用可穿戴智能设备对走跑类运动进行测量时发现，不同速度下，可穿戴智能设备的表现存在差异。可以说，很多可穿戴式智能设备能够在某特定条件下实现对身体活动的精确测量，但是同样也很难找到一种能够适应所有情况的设备①。由此可见，可穿戴智能设备非常适合体育课，其测评体育课的唯一问题就是信效度问题。

在以可穿戴设备对体育课进行测评之前，将能够用于体育课测评的方法及可测指标整理（表 2–3）。从前文中对各类可穿戴设备的比较和对相关研究的分析可以看出，目前比较适合于体育课测评的设备主要有心率计、加速度计和计步器或一些联合多种设备的智能设备，常见可测的指标有步数、步频、心率、心率指数、能耗、MVPA 等。虽然某些可穿戴设备的信效度方面还需进一步证明，但其中一些设备已经被认为能够应用于各类身体活动测量②，可以说可穿戴设备用于体育课测评具有了一定的技术与现实基础。

表 2–3　可穿戴设备测评体育课的可测指标

序号	功能	功能简介
1	MVPA 占比	计量某段时间 MVPA 占比
2	练习密度	计量主体的练习密度
3	平均心率及心率指数	计量某短时间的平均心率
4	心率曲线	计量显示某段时间的心率曲线
5	过高心率预警	心率达到一定次数后产生提示
6	即刻心率	显示即刻的心率
7	配速识别	计量位移的速度
8	动作识别	识别主体走、跑、骑行等
9	久坐提醒	保持静态一定时间产生提示
10	能量消耗	计量估算身体能耗
11	步数	计量某段时间的走和跑的步数
12	运动距离	计量位移距离
13	步频	计量某段时间的步频
14	呼吸频率	计量每分钟的呼吸次数
15	攀爬高度	计量显示登山的高度
17	电话信息接收	接收电话和信息

① 孙建刚，柯友枝，洪金涛，等．利器还是噱头：可穿戴设备在身体活动测量中的信效度［J］．上海体育学院学报，2019，43（06）：29–38.

② 温煦，袁冰，李华，等．论智能可穿戴设备在我国体力活动大数据分析中的应用［J］．中国体育科技，2017，53（02）：80–87.

续表

序号	功能	功能简介
18	睡眠时长	计量睡眠的时间长度
19	饮食跟踪	对食物所含能耗粗略估算
20	拍照	/
21	音乐播放	/
16	闹钟	定时提醒
22	计时	/
23	体温计量	计量即刻体温
24	北京时间显示	/

（六）小结

气体分析法是精度较高的方法，但存在设备造价较高、操作复杂，佩戴不便的问题。因此气体分析法较适合实验研究，很难用于对体育课的测评。在体育课中有很大一部分身体活动的内容超出“走跑”的类型，因此单纯以计步器对体育课进行测评误差势必较大。加速度计的优点是可以提供活动强度和活动频率等信息，其输出结果更能反映人体的真实活动情况，加速度计佩戴简单对受试行为影响较小且不受性别及体质水平的影响①，其数据的收集与分析需要一定的技术基础，需要使用者具备一定的科技素养②，③。从加速度计的测量原理来看，加速度计具有测评体育课的潜力。心率计法种类较多，可选择性较大，可佩戴在手腕或手臂上，对学生身体活动的影响也较低，而且在体育课的情境之下，学生心率受到情绪干扰的情况可以被有效控制，可适当避免出现因为焦虑和压力导致心率异常的情况。唯一需要担忧的就是光电式心率计在测量体育课时的效度问题。随着科学技术的发展，心率计联合其他设备评估身体活动已经成为现实④，一定程度上提高了测量的精确性。光电式心率计对佩戴部位的要求相对较低，对于测量学生体育课上的表现来说非常合适。可穿戴智能设备就是一种设备多种功能，可以

① 陈佳．儿童身体活动测量方法研究进展［J］．中国儿童保健杂志，2012，20（8）：713-715.

② 刘爱玲，李艳平，宋军，等．加速度计对成人日常体力活动测量效度的研究［J］．中华流行病学杂志，2005，26（3）：197-200.

③ DE GRAAUW SM，DE GROOT JF，VAN BM，et al. Review of prediction models to estimate activity-related energy expenditure in children and adolescents ［J］. International Journal of Pediatrics，2010，(2010-05-31)，2010，2010（2）：489304.

④ DUNCAN JS，BADLAND HM，SCHOFIELD G. Combining GPS with heart rate monitoring to measure physical activity in children：A feasibility study ［J］. Journal of Science & Medicine in Sport，2010，12（5）：583-585.

测量多种指标，如心率、能耗与步数，而且总体造价较低，对于体育课测评的需求契合度最高。很多可穿戴智能联合设备造价相对较低，操作简单，佩戴方式多样，可对使用者的身体活动状况进行长期的跟踪，而且能够即时的反映使用者的身体活动情况，操作上也与体育课的测评相匹配。但是，市面上常见的普及型民用可穿戴智能设备精确度往往并不稳定，不同品牌、不同类型的设备存在较大差别，针对不同身体活动类型和不同受试对象时也存在差别。有研究表明，在利用可穿戴智能设备对走跑类运动进行测量时发现，不同速度下，可穿戴智能设备的表现存在差异①。若要以可穿戴智能设备测评体育课，则需要对可穿戴智能设备测量体育课的效度进行检验。

三、可穿戴智能设备信效度

《国家中长期科学和技术发展规划纲要》和《全民健身计划（2016—2020年）》中都提出了推动现代科技与健康事业相结合的建议，这为可穿戴式智能设备在健康方面的应用提供了思路。很多国内、外研究已经证明部分可穿戴式智能设备（以下皆称设备）能够较为准确地测量体力活动，甚至已经被应用于某些体力活动的测量和研究中。大量设备的出现与频繁更新，对相关研究起到了推动作用，同时也带来了巨大的挑战。根据以往的研究，设备的信度与效度受到设备及型号、佩戴部位、身体活动类型、测试对象、能耗数据算法等几个方面的影响，研究结果并不统一，因此，在测量体力活动时选择合适的设备就显得十分困难。由此看来，对设备在体育活动测量中的信度、效度做出系统的总结和分析是非常迫切而且有必要的。搜集了国内外 2015 年 1 月 1 日—2017 年 12 月 31 日间关于测量体育活动设备信度与效度研究的文献，对不同设备在不同条件下表现出的信度与效度情况进行统计与分析的同时，为新设备的开发提供资料和建议。

目前我国市面上常见商用的用于测量体育活动的可穿戴式智能设备种类繁多、品牌多样、功能不一，但极少有设备经过了必要的信度与效度的检验，佩戴对象也并不固定，适用体育活动的场景也无限制，因此这些设备的精确性并不稳定。能耗的计算方法一般作为自身品牌的机密不会对外公开，而且大多能耗算法都没有将佩戴对象的人群进行分类，成年人和青少年儿童还有老年人都是同样的计算方法，跑步和骑行也是同样的算法，但不同人群其生理特征是存在差异的，不同运动类型其能耗机制也是不同的，这些因素都可能导致可穿戴式智能设备的

① 周厚栋，李华. 运动手环测量 22～27 岁人群体力活动能量消耗的有效性探究［J］. 智富时代，2015，0（1X）：205-206.

精确度不足。另外国内外用于研究级别的可穿戴式智能设备大部分为了追求精确性和续航能力，往往是造价高昂，不重视或战略性放弃佩戴舒适性与产品外形。因此要保证测量持续性，降低设备耗电量，很多设备都没有电子屏幕，不能实现即时反馈数据，只能通过连接电脑才能读取原始数据，对于人机交互来说并不及时也不友好。目前，大多科研级可穿戴式智能设备能耗计算的方程都是由国外设计和推算，国内具有自主产权算法的设备非常少。另外，我国青少年体育活动数据庞大，包含内容较广且敏感，从数据安全角度和人群特征来看，不宜引用国外设备及能耗计算方法。

总之，目前国内外大多数可穿式智能设备监控青少年体育活动时，面临成本高昂、操作复杂、无法大样本量测量、佩戴体验感差、功能单一、信效度不高，且对使用人群没有区分等问题。青少年体育活动研究急需一种操作简单且能够以较低的成本对大样本量的青少年进行体育活动的监控设备和体系，同时需兼具舒适的佩戴体验，更重要的是具有高于或者不低于多数科研级设备的信度与效度水平，并且能够实现安全的数据交流与联动。虽然基本掌握了具有潜力能够应用于体育课测评的可穿戴设备类型的情况，但这些设备的信效度到底如何？哪些可穿戴设备能否直接用于体育课测评？这些问题仍不能确定[①,②]，所以本书对可穿戴设备测量身体活动的信效度研究进行了总结。本研究搜集了国内外间关于测量身体活动设备信度与效度研究的文献，对不同设备在不同条件下表现出的信度与效度情况进行统计与分析。

设备信度与效度的评价结果都是与其分析方法相对应的，分析方法不同则不能横向对比，因此本研究中信效度的等级评定是根据原文中分析方法对应的界定标准来确定，如原文中分析方法为组内相关系数法，又说明 $r > 0.6$ 为优秀，则本研究即认定其信度为优秀（附表 1，附表 2）。本文所纳入的文献中，有 1 篇文献将信度等级划分三个等级（高、中、低），其他研究结果评定全部分为四个等级“优秀”“良好”“中等”“低”，根据原研究的定性，评定结果为“中等”及以上即视为信度合格。效度评定等级分为“高”“中”“低”三个等级，评定依据与信度相同，评定等级为“中”及以上即视为效度合格。

（一）可穿戴设备基本情况

从所涉及的 67 种设备品牌（或设备元件）被研究的次数来看（附表 1），

① 刘阳 . 基于加速度计的身体活动测量研究前沿［J］. 北京体育大学学报，2016，39（8）：66-73.

② PLASQUI G，BONOMI AG，WESTERTERP K R. Daily physical activity assessment with accelerometers: new insights and validation studies［J］.Obes Rev，2013，14（6）：451-462.

被研究最多的设备品牌型号有：Fitbit（15 次），其中 Charge HR 型号（5 次）；ActivGraph（14 次），其中 GT3 型号（7 次）；Garmin（8 次），其中 Vivofit 型号（5 次）。“分析指标”并不代表设备的所有功能，本文只对原文献中研究的指标进行分析。与“分析指标”一样，“佩戴位置”并不代表本文中设备的全部佩戴部位，而是原文献中研究的佩戴位置。

从“分析指标”看，大多数信度与效度的研究主要集中于，“步数”“心率”和“能耗”。另外，也有少数“距离”“速度或加速度”“MET（代谢当量）”的研究。从设备的“佩戴位置”看，多数都是佩戴在“腰髋部（腰部或髋部）”和“手腕”，其他部位的研究较少。

（二）信度情况

测量工具的信度是保障研究结果准确与科学的前提，本文所涉及的研究均是以重复测量的方式来检验设备的信度，重复测量法是信度研究中最常用的方式之一。重复测量时，大都是以恒定的转速或者恒定的节奏（使用节拍器等）重复两次来测量信度[①,②]。测量设备计步功能的信度时，也有通过重复两次固定步数测量信度的方法[③]。另外，设备的信度也可以通过同时佩戴两部完全相同的设备进行测量的方法来进行检验[④]。以下是搜集文献中设备的信度情况（表 2-4）。

表 2-4　信度汇总

项目	分类	信度等级 /%				总频次 /n
		优秀	良好	中	低	
研究对象						
	健康人群	22.4	10.2	16.3	51.0	49
	特殊人群	100	0	0	0	3
活动类型						
	走跑类	21.4	11.9	16.7	50.0	42

① WOODMAN JA，CROUTER SE，BASSETT JR，et al. Accuracy of Consumer Monitors for Estimating Energy Expenditure and Activity Type［J］. Medicine & Science in Sports & Exercise，2017，49（2）：371-377.

② GATTI AA，STRATFORD PW，BRENNEMAN EC，et al. GT3X+accelerometer placement affects the reliability of step-counts measured during running and pedal-revolution counts measured during bicycling［J］. Journal of Sports Sciences，2016，34（12）：1168-1175.

③ SCHAFFER SD，HOLZAPFEL SD，FULK G，et al. Step count accuracy and reliability of two activity tracking devices in people after stroke［J］. Physiotherapy Theory and Practice，2017，33（10）：788-796.

④ GATTI AA，STRATFORD PW，BRENNEMAN EC，et al. GT3X+accelerometer placement affects the reliability of step-counts measured during running and pedal-revolution counts measured during bicycling［J］. Journal of Sports Sciences，2016，34（12）：1168-1175.

续表

项目	分类	信度等级 /%				总频次 /n
		优秀	良好	中	低	
	骑行类	66.7	0	0	33.3	6
	综合类	0	33.3	0	66.7	3
	力量练习	100	0	0	0	1
佩戴位置						
	手腕	19.0	19.0	23.8	38.1	21
	腰髋部	20.0	6.7	6.7	66.7	15
	大腿	50.0	0	0	50	4
	小腿	100	0	0	0	4
	口袋	0	33.3	0	66.7	3
	脚踝	0	0	0	100	3
	衣领	0	100	0	0	1
	前臂	100	0	0	0	1
分析指标						
	步数	22.5	10.0	17.5	50.0	40
	蹬踏次数	66.7	0	0	33.3	6
	能耗	0	20.0	20.0	60.0	5
	动作速度	100	0	0	0	1

注：活动类型中，“骑行类”是指身体活动内容是骑自行车或骑功率自行车；“走跑类”是指活动内容是走或跑，或走跑结合的运动；“综合类”是指日常活动（或模拟），例如骑自行车、走跑、扫地、叠衣服等多项活动相结合；“力量练习”此处指负重深蹲，测量指标为蹲起平均速度和峰值速度。“总频次”指设备被研究的总次数。

信度研究中涉及 15 种设备（附表 1），大多数品牌信度都达到过合格（13 种），总研究频次 52 次，但信度达到合格的总频次为仅为 17 次占总研究频次的 32.7%，说明多数设备的表现并不稳定。被研究次数最多的设备是 ActiGraph GT3X+（13 次），其信度合格率为 61.5%（合格及以上）。从研究对象来看，研究对象全部为成年人，且大多数以“健康人群”为研究对象。“特殊人群”的研究中，研究对象全部为中风引起的偏瘫患者，其信度等级全部为优秀。单从研究对象看，健康人群研究中信度达到合格的接近一半，特殊人群的信度表现高于健康人群。今后的可穿戴设备设计，可考虑兼顾“某一类”特殊人群，逐渐丰富适用对象的范畴，让各类人群享受服务。研究中发现，在对不同人群进行身体活动的测量和监控时，设备并不需要做任何调试，然而特殊人群与普通人群在生理学与身体活动方面存在较大的差异，若算法和佩戴方式固定不变的话就可能导致设备的信度降低。涉及到的研究中，设备对特殊人群的信度要比对健康人群高，甚至对特殊人群的信度水平全部达到了优秀等级，但是研究频次仅有 3 次，所以仍然不能认定其对特殊人群的信度更高。造成这种结果的原因可能是特殊人群在身体活动方面表现较缓和，重复测量过程中身体活动的变化幅度相对健康人较小，设备受的干扰较少，所以测量结果一致性较好。但需要注意的是，一致性较好并不能代表精确性高。另外，所有关于信度的研究对象均为成年人，没有对于儿童青少年的研究，儿童青少年的生理学特征与成年人是存在差异的，所以设备对儿童青少年身体活动测量的信度有必要单独进行，并且儿童青少年的身体活动研究作为健康研究中非常重要的一环，也应予以更多重视。本研究发现多数品牌在信度方面表现较好，大部分设备在特定条件下都能达到信度要求。经历长时间的发展，设备品质和设计方面已经达到相对较稳定的水平，而且身体活动的监控原理和能耗的算法相对固定，理论上只要在硬件正常的情况下，测量结果的一致性都会较高。

关于信度的研究中，“走跑类”的研究最多，出现频次为 42 次（合格率 50%），远大于其他活动类型，其次是“骑行类”4 次（合格率 66.7%）。其中“走跑类”中以“跑步机”上的研究为主，“地面”的信度表现远高于“跑步机”。从“身体活动”类型来看，信度最高的是“力量练习”，但对“力量练习”的研究频次只有 1 次，内容为测量负重深蹲练习时的动作速度。其次是“骑行类”，“走跑类”排在第三位，“地面”比“跑步机”信度更高，信度表现最差的是“综合类”。走和跑是日常生活中最常见的活动，所以设备信度检验时内容大多以走和跑为基础运动类型，但其他类型的活动在日常生活中所占的比例也很高，所以需要更多的关注。走跑类是日常生活中比较常见的活动类型，因此研究中被涉及的次数最多。虽然骑行和力量训练达到信度要求的比例高于走跑类，但是两者研究频次较低。所以我们只能认定，走跑类身体活动类型中设备信度的表现一般，其他类型的身体活动信度需进一步研究。虽然走跑类运动是大众最为普遍的身体活动类型，但是其他类型的身体活动也不少，我们在研究走和跑的同时应对于其他类型的身体活动给予更多关注。只有设备包容更多的身体活动类型，才能够实现对身体活动的精确测量。

所纳入的研究中，佩戴位置最多的是“手腕”，达 21 次（合格率 61.9%），其次是“腰髋部”15 次（合格率 33.3%），其他佩戴位置的研究较少，表现差异较大。从佩戴位置看来，“衣领”“前臂”“小腿”信度最高，但研究频次都小于5次，其次是“大腿”，而“脚踝”和“腰髋部”信度表现一般，信度最差的佩戴部位是“手腕”。基于加速度计的设备一般佩戴在腰髋部，这与设备的核心元件和工作原理有关，目前看来，佩戴手腕的设备明显受更多人青睐，与设备的信度高低关系不大。信度表现最好的佩戴位置是小腿，但是研究频次只有4次，研究频次达10次以上的佩戴部位仅有手腕和腰髋部，手腕部佩戴的设备信度较高，优于腰髋部。相比基于加速度计的设备佩戴在距离重心越近越准确的情况，基于心率监测的设备，通过光电反射测量血液流动来计算心率，佩戴在手腕也很准确。相比较而言，手腕佩戴的方式更容易被接受，虽然佩戴在小腿的位置测量信度较高，但下肢的形态结构和运动结构等特点往往会导致佩戴者不适或者造成设备脱落的问题，手腕佩戴的设备应会是今后设备开发的趋势之一。

“分析指标”是指用于信度检验的指标，设备往往能够采集多项指标，本研究的“分析指标”是原研究中用于信度检验的指标。本文涉及的研究中出现频次最高的指标为“步数”，出现40次（合格率50%），其次是骑行类中的“蹬踏次数”为6次（合格率66.7%）。信度最高的分析指标是“动作速度”，其次是“蹬踏次数”，“步数”排在第三，最差的是“能耗”。同样需注意的是“动作速度”的研究频次仅有1次。分析指标是以原始数据结合某些算法转换而来，不同设备有不同算法，而且算法转换目标也不同，有些转换为心率，有些转换为步数，信度研究中多数转换为步数，总体看来信度表现一般。以能耗为指标时，信度表现较差，以步数为分析指标时，设备的信度表一般，能耗为指标时信度表现好于以步数为指标，这与之前的研究结果不一致，可能与新技术的出现和新算法的优化有关。蹬踏次数和动作速度测量需求在日常身体活动中相对较少且难度较大，但对于设备的信度研究来说，这方面研究也是有必要的。以蹬踏次数和动作速度为指标时信度表现最好，但是蹬踏次数和动作速度为指标的研究频次较少，所以还需要更多的研究继续论证。

（三）效度情况

对可穿戴设备的信度进行验证后，还需要对其效度进行验证，本研究总结的设备效度情况（表2-5）。按照原文中的评价方式，本研究将所有设备的效度等级划分为“高”“中”“低”三个层次，70种设备有47种达到过效度要求（中及以上），多数设备都曾达到过效度要求。被研究的频次最多的设备为（附表2），ActiGraph GT3X+（13次），其次是ActiGraph GT3X（12次），第三是 Basis Peak（10 次），这三种设备目前也是国际上公认的测量身体活动比较准确的设备。一些研究表示某些设备在不同条件下测量身体活动的表现并不一致[①,②]。还有研究表明，目前的实验室研究不能充分的证明设备在日常生活行为中能耗估算的信效度[③,④]。本文涉及的设备在特定条件下效度都达到过要求，效度达到较高水平的设备有 Basis peak、Actigraph GT3X+、Polar H7、StepWatch、Yamax Digiwalker SW-701 pedometer 等，但都仅限于在某一指标和特定的条件下（附表 2）。即便是同一品牌，在不同的研究中效度评价也存在不同。因效度受多因素影响，大多数设备效度评价与研究的次数、研究对象、研究的身体活动类型等因素存在联系。虽然我们无法对某一品牌的效度做出最终定论，但可以以本研究作为参考，按图索骥，选择最合适的设备，而且根据本研究的结果可以为新设备的设计与开发提供思路。

研究对象以健康人群为主（表 2-5），健康人群中又以成年人为主，针对儿童青少年的研究较少，研究频次仅有 9 次，效度达到要求的仅有 3 次（33.3%），低于平均水平（46.4%）。仅有的 17 例特殊人群的研究，仅有“中风偏瘫病人”“肥胖儿童”和“心脏病人”三类人群，特殊人群的研究中，中风患者的占多数，有 10 例。健康人群研究频次为 183 次，效度等级达到要求的 85 次（46.4%）。特殊人群 17 次，效度等级达到要求的为 5 次（29.4%）。可穿戴设备对于健康人群的效度要明显高于特殊人群。与信度检验情况一样，效度研究中，在对不同人群身体活动的测量和监控时，各研究并没有表明不同人群身体活动计算方法的不同，而且相对成年人群，其他人群的效度明显较低。使用固定的计算方法对不同人群身体活动进行测量可能是造成设备效度较低的一个原因。目前，设备用于健康人群的研究多于特殊人群，从两类人群的效度表现来看，对健康人群的效度明显高于特殊人群。大部分设备的设计都是针对健康人群，而特殊人群的“特征”呈多样性，在设备的研发方面很难达到兼顾健康人群与众多类型的特殊人群的要求。虽然有些设备在使用时要录入年龄等信息，但是这些

---

① ALZAHRANI A，HU S，AZORINPERIS V，et al. A Multi-Channel Opto-Electronic Sensor to Accurately Monitor Heart Rate against Motion Artefact during Exercise［J］. Sensors，2015，15（10）：25681-25702.

② EL-AMRAWY F，NOUNOU MI. Are Currently Available Wearable Devices for Activity Tracking and Heart Rate Monitoring Accurate，Precise，and Medically Beneficial ？［J］. Healthc Inform Res，2015，21（4）：315-320.

③ CROUTER SE，KUFFEL E，HAAS JD，et al. Refined two-regression model for the ActiGraph accelerometer［J］. Medicine & Science in Sports & Exercise，2010，42（5）：1029-1037.

④ LYDEN K，KEADLE SK，STAUDENMAYER J，et al. A method to estimate free-living active and sedentary behavior from an accelerometer［J］. Medicine & Science in Sports & Exercise，2014，46（2）：386.

信息基本是被用作推荐身体活动量，如 20 岁男性人群每天应达到某种运动量或运动强度，而在对不同年龄段人群身体活动测量算法方面并没有变化。儿童青少年作为国家未来的主力军，理应得到更多重视，但目前看来对于儿童青少年的研究很少，且已有研究结果的效度表现低于平均水平，一定程度上说明，现有设备的算法可能并不适合儿童青少年，应该为儿童青少年建立针对性的算法或设计针对性的硬件来提高设备的效度。另外，对各类人群的研究需要长期的积累，在今后的研究中可逐渐丰富研究对象的种类，为不同人群的身体活动测量研究提供新资料。

表 2-5　效度汇总

项目	分类	效度等级比例 /%			总频次 /n
		高	中	低	
研究对象	健康人群	36.0	10.4	53.6	183
	特殊人群	23.5	5.9	70.6	17
活动类型	走跑类	24.3	13.1	62.6	107
	骑行类	50.0	0	50.0	8
	综合类	47.4	5.1	47.4	78
	力量练习	66.7	0	33.3	3
	静止类	25.0	50.0	25.0	4
佩戴位置	手腕	40.2	4.6	55.2	87
	腰髋部	20.5	12.3	67.2	73
	脚踝	50.0	37.5	12.5	8
	口袋	57.1	14.3	28.6	7
	大腿	50.0	0	50.0	6
	胸部	33.4	33.3	33.3	3
	穿着类 &	66.7	0	33.3	3
	前臂	66.7	0	33.3	3
	小腿	100	0	0	2
	上臂	0	0	100	2
	背部	0	0	100	2
	手持	100	0	0	1
	衣领	0	0	100	1
	颈部	0	100	0	1
	不确定 §	100	0	0	1

续表

项目	分类	效度等级比例 /%			总频次 /n
		高	中	低	
分析指标	步数	23.7	18.4	57.9	76
	蹬踏次数	66.7	0	33.3	3
	能耗	52.1	2.1	45.8	48
	动作识别	0	33.3	66.7	6
	心率	46.4	7.1	46.4	28
	MET	19.0	0	81.0	21
	时长	35.7	7.1	57.1	14
	速度	50.0	0	50.0	4

注：因检验方法、统计学方法、具体值划分节点不同等原因，不能将所有研究按效度具体值进行排序，只能按原研究中对设备效度的评价，将设备的最终效度分为“高”“中”和“低”三个等级。“§”指文中关于设备是与衣物结合佩戴的，但佩戴位置的描述不清。“穿着类”指设备类似穿着衣物一样穿着在身上。

“走跑类”是被研究最多的身体活动类型（表 2–5），达到了 107 次，占 53.5%，综合类 78 次（39.0%），其他类型研究较少。走跑类效度达到要求的有 40 次（37.4%），不足一半。走跑类又可分为“地面”和“跑步机”两大类，“地面”共 48 次，效度达到要求的有 15 次（31.3%）。“跑步机”共 59 次，效度达到要求的有 25 次（42.4%），“跑步机”比“地面”的效度表现更好。“综合类”一半以上的效度达到要求，为 41 次（52.6%）。“骑行类”总频次为 8，达到效度要求的为 4 次（50.0%），“功率自行车”效度优于“地面”。“力量练习”达到效度要求的为有 3 次（66.7%），皆为高效度。“静止类”全部为静坐，达到效度要求的 3 次（75.0%）。从效度表现看，效度从高到低依次是：静止类 4 次（75%）、力量练习 3 次（66.7%）、综合类 41 次（52.6%）、骑行类 4 次（50%）。从结果看来，走和跑属于效度表现相对较低的活动类型，甚至比综合类低，不足一半的合格率，一定程度上说明，不同活动类型下可穿戴设备的效度水平还不够稳定，仍有改进的空间。需要说明的是活动类型中“力量练习”有 3 次，但检验的内容却不相同，2 次为检验从事力量练习时的动作速度测量效度，1 次为检验从事力量练习时心率的测量效度，因此选择的校标也不相同。

本书涉及的佩戴位置，“手腕”的效度达到要求的有 39 次（44.8%），“腰髋部”效度达到要求的为 24 次（32.8%），效度达到要求的均不足一半。佩戴部位频次最多的为“手腕”，其次是“腰髋部”。除“衣领”和“背部”外，所有佩戴位置的设备效度均达到过中或高。因为有些佩戴部位研究频次较少，仅有 1 次或 2 次，得出的结果代表性不强。研究频次在 5 次以上的佩戴部位，效度表现最好的佩戴部位是“脚踝和口袋”，两者达到效度要求的比例依次为 87.5% 和 85.7%。有研究说，手腕佩戴是更容易被大众所接受的方式，这与本研究的结果相一致。佩戴在手腕位置的设备效度表现并不好，可能与人体活动状态上肢的开放性相较更大有关，基于加速度计的设备佩戴在手腕很难判断佩戴者的整体行为。除了佩戴在“衣领”和“背部”的设备外，所有位置的设备效度都达到过效度要求。手腕佩戴的设备被研究的次数最多，因其佩戴舒适和对肢体活动的干扰较低，是最容易被接受的佩戴方式之一，其次是腰髋部。之前很多研究认为，基于加速度计的可穿戴设备，佩戴的位置距离重心越近，获得的结果就越准确[①]，本研究却发现，佩戴在腰部和髋部的设备效度并不理想，反而是佩戴在脚踝和口袋内的效度较高，但这与之前的研究并不冲突。佩戴在其他位置的设备准确与否，还要根据设备的核心元件来判断，基于心率的设备与佩戴位置是否贴近重心没有太大关系，而与佩戴部位的血管情况有关。基于心率的设备，佩戴在手腕和胸部的居多，效度也都很高。在进行大样本量测量时，选择佩戴手腕的设备明显更容易被研究对象所接受。对特殊人群的效度研究中，佩戴在非健康侧部位的设备效度普遍低，可能是由于健康侧与非健康侧身体活动方面存在较大差异，设备在设计上尚不能完全满足所有情况，因此设备在使用过程中应注意佩戴侧的选择。

除以“动作识别”为分析指标时最高效度为“中”，其他分析指标下的效度都达到过“高”。以“步数”为分析指标的研究频次最多，有 76 次，占总数的 38%，其次是“能耗”51 次（24.0%）和“心率”28 次（14.0%），其他指标研究较少。一半以上以“步数”为分析指标的效度等级都为“低”44 次（57.9%），“能耗”达到效度要求的为 26 次（54.2%），“心率”达到要求的有 15 次（53.6%）也超过了一半。效度最高的分析指标为“蹬踏次数”，其次为“心率”，随后依次是“能耗”“速度”“步数”“时长”“动作识别”，“MET”为指标时效度最低，但需注意研究频次的问题。除“动作识别”之外，所有指标的效度检验均达到过要求。研究次数最多的指标是“能耗”“心率”和“步数”。之前有研究说，虽然大多设备在测量活动计数或心率计数的时候都效度都很高，但是在计算能量消耗的时候效度会有不同程度的下降。但本研究中发现，以步数

① LONSDALE C，ROSENKRANZ RR，PERALTA LR，et al. A systematic review and meta-analysis of interventions designed to increase moderate-to-vigorous physical activity in school physical education lessons［J］. Preventive Medicine，2013，56（2）：152-161.

为研究指标的效度较低，反而是以能耗为研究对象的效度等级较高，与之前的研究并不一致。这与设备能耗算法优化有关，也可能与不同的身体活动类型有关。另一方面，设备在不同的身体活动类型、速度、强度下，效度是存在差异的。以步数为指标的研究中，就算在中高速度的效度较高，但因为在低速的效度较低，最终的评价也有可能是低，这可能就是造成与之前研究不一致的原因。但步行速度对设备的影响并不明显，只有低速才会降低加速度计类型的设备的精确性。对于特殊人群或身体活动障碍的人群，在选择设备的时候要考虑到，基于加速度计的可穿戴式智能设备可能不太适合。正常情况下大多数设备都能准确的计量水平面上行走时的步数，但在上下台阶时，设备的步数计量与距离计量会产生较大的变化，这也是今后需攻克的难题。

与信度检验不同的是，效度检验需要一种认可度较高的工具作为标准（或金标准），绝大多数研究都采用了国际上广泛认可的测量手段或方法，如“间接测热法”、“视频记录法”等，但标准较多，且不统一。效度检验中“金标准”的选择需根据设备采集的指标来进行的，设备采集指标为“步数”和“蹬踏次数”时，通常是以“手动计数”或“视频记录”为金标准；采集指标为“能耗”和“MET”时，通常以“气体分析法（间接测热法）”、“代谢室（仓）”和“双标水法”作为金标准；指标为“动作识别”时，通常以“直接观察”和“视频记录”为金标准；采集指标为“心率”时，可以以“心电图”或已被验证的心率计为金标准；指标为“时长”时，可选择“手动计数（或计时）”、“日记法”和“视频记录”为金标准；指标为“速度”时，一般是以“视频记录”与“动作捕捉系统”为金标准，其中本文涉及的研究是以“计时门（当人体通过门时则计时）”为“金标准”验证了奔跑加速度与速度测量的效度，以“线性速度传感器（固定在杠铃上）”为“金标准”验证了“力量练习”中测量负重深蹲的动作的平均速度与峰值速度的效度。本文涉及的研究中时也有以“SWA（一种多元件可穿戴设备）”为“金标准”的研究，但 SWA 并不能被广泛认可，所以其研究结果的可信度不高。效度检验的数据分析方法中主要以相关系数、百分比（误差率或准确率）、Bland-Altman、变异系数、重复系数为主，研究中通常会以其中的两种或两种以上方法联合使用。绝大多数研究都采用了相关系数和（或）百分比法对设备的效度进行分析。不同强度不同身体活动模式的情况下，可穿戴式智能设备的精确性是不一样的[①]。

① 温煦，袁冰，李华，等. 论智能可穿戴设备在我国体力活动大数据分析中的应用［J］. 中国体育科技，2017，53（02）：80-87.

（四）小结

虽然很多设备已被证明具有较高的信效度被应用于各类身体活动的研究中[①,②]，但多数设备只能被证明在某一条件下信效度较高，很难找到一种同时满足多种情形的设备，所以我们也需在实际采用中保持谨慎的态度。选择合适的可穿戴设备取决于研究目的、研究人群、经费预算和预期结果等，需要综合考虑，基于本研究的研究目的，想要对体育课进行测评应选择国际上公认的设备。佩戴位置的选择上，大众更容易接受手腕佩戴，因此本研究在普及型民用设备验证阶段选用了一款腕带式可穿戴智能设备。身体活动测量与监控中，采用相同的算法容易忽视不同人群、不同活动类型的特征，对身体活动和人群进行辨识后，分别建立算法计算将会大大提高设备的信效度[1]。可穿戴设备发展前景广阔。主观测量法很难在持续很长时间的情况下保证较高的效度，可穿戴设备在此方面具有明显的优势，发展空间巨大，因此对于可穿戴设备在身体活动方面的研究应继续深入。设备缺少针对性。本研究发现利用可穿戴设备对儿童青少年和体育课等特殊条件下进行身体活动测量的信效度研究较少，而且大部分设备的效度结果远低于平均水平，可穿戴设备未来应建立针对儿童青少年或体育课的算法或开发针对性设备。

同时，伴随着我国学校体育理论与实践经验的积累，学校体育模式、目标等都有了较大的演变和发展，减少主观性测评，增加客观性测评的呼声越来越高[③]。虽然部分可穿戴设备测评体育课的信效度仍有待验证，但利用被广泛认可的科研级可穿戴设备对体育课进行测评已具备了条件。

四、设备测评原理及应用

（一）测评原理

体育与健康课程是以身体练习为主要手段的一门课程，身体活动情况对体育课来说尤为重要[④]。以可穿戴设备测评体育课本质上是对体育课上参与个体的生理学指标进行测评以判断其身体活动行为状况，根据其身体活动变化来反映体育

① 王军利，张冰，贾丽雅，等 . Actigraph（GT3X）加速度计测量我国 19 ～ 29 岁人群身体活动能耗的效度研究［J］. 体育科学，2012，32（12）：71-7+92.

② BUTTE，Nancy F. Assessing Physical Activity Using Wearable Monitors：Measures of Physical Activity［J］. Medicine & Science in Sports & Exercise，2012.，44（1）：5-12.

③ 李卫东 . 中学生学校体育评价量表的编制［J］. 北京体育大学学报，2017，40（01）：51-57.

④ 季浏 . 我国《普通高中体育与健康课程标准（2017 年版）》解读［J］. 体育科学，2018，38（2）：3-20.

课的质量。体育课的参与者包括学生与教师，体育课上的学生是受教师引导支配的，体育课目的中的一方面就是指学生经过体育课的过程之后体育知识和运动技能方面获得一定的积累与提高的情况，这些情况能够反映学生自身情况也能反映教师的指导的情况。对学生练习密度的测评可以反映出教师教学安排是否合理，教材运用是否得当①。基于此，结合健康与身体活动的效应关系②,③，以可穿戴设备测评体育课可看作是通过测评学生在体育课上的身体活动反映学生健康效应的积累情况乃至教学目标的实现情况。与此同时，相关教育机构对体育课上的学生身体活动也提出了更具体的要求④。《2017 普通高中体育与健康课程标准》中指出体育课要“保证一定的运动负荷，提高学生课堂学习效果”。运动负荷是由练习密度、运动密度与运动强度来衡量的，是学生技能与体能提高的基本保证，也是培养学生学科核心素养的前提基础，同时也是衡量体育课的重要指标之一。华东师大季浏研究团队指出，体育课运动密度应不低于 75%，练习密度不低于 50%，学生体育课上的平均心率应达到 140 ～ 160 次 / 分⑤，这表达了体育课评价中关于学生练习密度的具体要求，这也再次证明了学生在体育课上身体活动强度及练习密度相对于体育课的重要性。体育课教学任务的实施与实现也受到体育课的密度与各项活动所占课程总时间的比例安排的影响，可以说体育课上学生的练习密度与负荷等身体活动指标是判断体育课的重要依据。换而言之，体育课测评的重要内容之一就是对包括运动密度、负荷、MVPA 占比、心率变化情况等指标在内的项目进行测评，并以此判断体育教师教学质量和学生学习质量以及体育课程是否达到了规定的要求。所以，测评学生体育课上的各项身体活动指标来反映体育课是具有一定理论基础，同时具有一定科学性与合理性的。

（二）测评应用

目前可穿戴设备应用于体育课的测评研究数量较多⑥，绝大多也是都是以各

① 曲宗湖 . 学校体育测评理论与方法［M］. 北京：人民体育出版社，2002：173.

② Pate RR. The Report of the US Physical Activity Guidelines Advisory Committee：Important Findings for Employers［J］. American Journal of Health Promotion，2019，33（2）：313-314.

③ MANLEY AF. Physical Activity and Health：A Report of the Surgeon General［J］. Clinical Nutrition Insight，1996，23（8）：294.

④ Guidelines for school and community programs to promote lifelong physical activity among young people. National Center for Chronic Disease Prevention and Health Promotion，Centers for Disease Control and prevention. J Sch Health. 1997 Aug；67（6）：202-219.

⑤ 季浏 . 我国《普通高中体育与健康课程标准（2017 年版）》解读［J］. 体育科学，2018，38（2）：3-20.

⑥ Kerli M，Marek O，Sulev R，et al. Validating Fitbit Zip for monitoring physical activity of children in school：a cross-sectional study［J］. Bmc Public Health，2018，18（1）：858.

类可穿戴设备测评体育课上学生的身体活动情况，如对课上学生 MVPA 占比情况进行测评。但这些测评研究中可穿戴设备的使用方法比较简单，指标使用比较局限，全部都是针对单个指标的测评，尚未将这些指标纳入到测评体系之中或者以可穿戴设备为基础构建出完整测评体系。与此同时，也已有很多研究者对体育课上学生身体活动的状况展开测评以判断体育课的质量是否达到要求，但也尚未形成体系。对体育课上学生身体活动测评的工具和方法有很多，包括“问卷法”“主观观察法”“心率法”“计步器法”“加速度计法”等，后三者均属于使用可穿戴设备的测评研究，选用的设备大部分都是国际上公认效度较高的设备。还有研究将学生体育课上的身体活动情况与学生主观意识情况方面进行了关联性研究，虽然研究结果尚不统一，但也表明学生身体活动可能与体育课上的众多内在因素同样存在相关[2]。从以上信息可以看出可穿戴设备用于体育课测评的研究数量并不稀少，但以可穿戴设备对体育课进行测评往往局限于对学生体育课上的“练习（或运动）密度”“心率”“MVPA 占比”“步数”单个指标的测评，尚未有研究将这些指标建成较完整的或较系统的测评体系。而且在历来的体育课测评指标体系中“MVPA 占比”等概念仍未被提及和纳入，如此关键的指标未能纳入，对于体育课的测评的完整性来说是一种明显的缺憾，建立基于可穿戴设备的测评体系对体育课进行完整测评也就无从谈起。本研究基于此背景纳入新兴指标并构建了基于可穿戴设备的初中体育课测评体系。

第三章

研究对象与研究方法

一、研究对象

在体系构建与验证阶段是以上海市初中体育课为研究对象。以德尔菲法构建的测评体系包含众多指标，因数据采集周期较长，在体系构建完成之前就已安排数据采集，为保障指标采集全面无遗漏，本研究选取了两种能够保障覆盖绝大多数可穿戴设备可测指标的科研级设备，Polar Team^2 Pro（佩戴在胸口）和ActiGraph GTX3+（佩戴在腰间），对体育课上的学生进行了数据采集。这两款设备的信效度已得到了国际认可，测试过程中对体育课进行了全程录像。设备测评选取的学生均为能够正常参加体育课的学生，测试时由上海体育学院研究生协助被测学生在体育课之前佩戴这两种设备，确保设备正常运行。体系构建完成之后与体系指标相印证，确定已采集的数据无遗漏指标，之后对数据进行因子分析。本研究先后共采集57所学校228节体育课的数据，徐汇区20所、静安区16所、杨浦区21所。测量时间为2018年3月到7月，2018年9月到12月，2019年2月到6月。调查对象为参加各学校参加体育课测评的学生，每次课采集5～7名学生数据，最终有效数据共计1561人（表3-1），有效率97.8%。

研究对象的选取理由如下：上海是我国重要经济中心和教育中心，地处长江入海口，中西文化交汇频繁，是“一带一路”交汇点；上海市属经济较发达地区，城市结构稳定，城乡差距较小，利于保障调查结果的一致性；上海是我国教育高地之一，教学水平、教学资源属于国内领先水平，体育课的质量测评数据具有一定的代表性和较高的研究价值；研究团队在上海体育学院，从研究便利性可实施性角度看，以上海市初中体育课为研究对象更利于开展和实施。体育课标准为全国统一，因此本研究构建的测评体系可适用与全国。

表3-1　调查对象基本信息

年级	体育课数量 /n	男生 n/%	女生 n/%	小计
七年级	41	269（52.5）	244（47.5）	513
八年级	42	270（51.6）	253（48.4）	523
九年级	42	268（51.0）	257（49.0）	525

普及型设备推广验证阶段是以某可穿戴智能手环为研究对象，主要对构建的测评体系进行成本、操作性方面的优化，同时以测试学生和体育教师为可行性问卷的调查对象，目的在于降低测评成本、简化测评过程增加测评体系的可推广性。本研究对一款针对体育课而设计的普及型民用智能手环进行了心率监控信效

度方面的验证，对其在体育课上的心率监控可行性进行了问卷调查，并按照测评体系计算了体育课测评结果。本部分为两个子研究：研究1，测评手环在实验室内测评跑步的信效度，上海体育学院体育教育训练学院的11名本科生自愿参加了该研究，参与者的募集方式为口口相传。2018年6到7月召集并完成测试，参与者没有任何肌肉骨骼损伤或心肺疾病，参与学生在测试前的24小时内不饮酒吸烟以及不摄取其他兴奋类食物或饮料。研究2，检验了手环测评体育课的信效度，与上海市教委组织的“观课”活动一起进行，由教委随机选择了上海市徐汇区的10所学校进行测试，每所学校测量一节体育课，每节体育课对2～3名上课学生进行测试，总共测试了28名健康学生，也是由研究人员在上课前为学生佩戴Polar、ActiGraph GT3X+加速度计和智能手环，测试时间为2018年11月。在体育课结束时，参与测试的学生和他们的老师（每节课1名老师）完成了简短的问卷调查，以评估使用手环的可行性。研究对象的具体信息（表5-1），此处不再重复。在以往的智能手环的信效度研究中选取的样本量约为20～60人次①，因此本研究样本量充足②。

二、研究方法

（一）文献资料法

紧扣研究主题，检索收集国内外参考资料。国内资料以中国知网、万方网和维普网为主要文献检索平台进行检索，检索资料来源范围以中文核心（CSSCI与CSCD）为主，英文以SCI收录的期刊为主。并以多家高校图书馆为平台检索相关著作与图书。以WOS（web of science）、pubMeb和ebsco为主要检索平台检索相关文献。访问美国有关体育课程评价的相关网站，搜集相关资料信息。体系构建阶段以（“教育”OR“体育”OR“学校体育”OR“体育课”OR“体育课程”OR“质量”OR“效果”OR“身体活动”）AND（“测量”OR“评价”OR“测评”OR“考察”OR“评定”）等为中文关键词及其对应英文为关键词进行检索，以“德尔菲”“专家”“调查”“权重”“层次分析”“AMOS”“结构方程”等为中文关键词及对应英文为关键词进行检索，都不限定检索时间范

① FALTER M，BUDTS W，GOETSCHALCKX K，et al. Accuracy of Apple Watch Measurements for Heart Rate and Energy Expenditure in Patients with Cardiovascular Disease：Cross-Sectional Study［J］. JMIR Mhealth Uhealth，2019，7（3）：e11889.

② WALLEN MP，GOMERSALL SR，KEATING SE，et al. Accuracy of Heart Rate Watches：Implications for Weight Management［J］. Plos One，2016，11（5）：e0154420.

围，搜集梳理相关资料。根据资料制定体系构建的指标筛选原则与构建原则，并整理测评体系的指标池及对应的一级指标，依次完成基于可穿戴设备的体育课测评体系的构建和测评体系的检验与权重计算。

（二）德尔菲法

德尔菲法最初是由美国的一家数据公司研制的，这一种用于评价与制定决策的技术，适用于探索新领域或不熟悉的研究领域。构建可穿戴设备测评体系属于新技术应用，德尔菲法较适合本研究。本研究以德尔菲法（Delphi）进行了基于可穿戴设备的体育课测评体系的构建，选取专家对测评体系构建问题进行三轮意见征询。咨询德尔菲法领域权威专家看法并结合德尔菲调查法的各项要求，确定进行德尔菲的专家领域及人数配比。本研究预设人数为 15 人（表 3-2），专家的工作从事领域需为学校体育、可穿戴设备研究领域和一线教学工作者①。利用 Citespace5.4 对现有的研究进行量化分析，综合专家近三年研究成果情况选取咨询专家。以“体育测评”“学校体育”“体育课程”“加速度计”“心率计”“可穿戴设备”为主题词对核心期刊进行检索，截止 2019 年 10 月 11 日，根据检索结果选取“学校体育与测评”领域专家。结合近三年以第一作者或通讯作者在 CSSCI、CSCD 或 SCI 收录期刊至少发表 2 篇相关论文以上的条件标准，最终选取理论专家 12 名（有 1 专家中途退出）。以保障问卷回收与便利性为前提选取可穿戴设备测评体育课程的研发领域高级工程师 2 名，教研员 2 名。15 名专家中共有教授 10 名（66.7%）、高级工程师 2 名（13.3%）、共有 12 人（80.0%）拥有博士学位。专家所属工作单位包括北京体育大学、北京师范大学、华东师范大学、浙江大学、首都体育学院、上海体育学院、上海市第五区科技公司和上海市教育局等多所高校教育及教育服务机构。咨询过程遵循了重复、匿名和反馈的原则，体现了“匿名，反馈，迭代”的特点，专家的积极系数、权威系数和协调系数均较好（表 4-1）。

表 3-2　德尔菲专家信息

姓名	单位	学位	职称	研究方法
庞 **	上海市第五区科技公司	硕士	高级工程师	可穿戴设备
程 **	上海市第五区科技公司	硕士	高级工程师	可穿戴设备
庄 *	上海体育学院	博士	教授	体育测量与健康促进

① Martino JP. The Delphi method：Techniques and applications［J］. Technological Forecasting & Social Change，1976，8（4）：441-442.

续表

姓名	单位	学位	职称	研究方法
刘 *	上海体育学院	博士	教授	体育测量与健康促进
曹 **	上海体质健康研究中心	博士	教授	体育测量与健康促进
贺 *	首都体育学院	博士	教授	体育测量与健康促进
温 *	浙江大学	博士	教授	体育测量与健康促进
毛 **	北京师范大学	博士	教授	学校体育课程建设
姚 *	北京体育大学	博士	教授	学校体育课程建设
尹 **	华东师范大学	博士	教授	学校体育课程建设
唐 *	上海体育学院	博士	教授	学校体育课程建设
王 **	上海体育学院	博士	教授	学校体育与健康促进
王 **	上海市调研员	硕士	高级教师	基础教育与评价
胡 **	华中科技大学	博士	博士	学校体育课程建设
张 **	上海体育学院	博士	博士后	学校体育课程建设

（三）测量法

为验证本研究构建初中体育课测评体系的信效度，调取 100 节体育课数据，以这些数据为基础进行因子分析验证所构建的测评体系。本研究以便利性原则为前提，结合“整群分层随机抽样”方法，共先后抽测上海市初中学校 57 所。每所学校抽取 4 次体育课，以 ActiGraph GT3X+ 加速度计（每秒记录 1 次）、Polar Team^2 Pro 心率带（每秒记录 1 次）对体育课上学生进行各项指标的监控和测量。心率带主要记录学生的心率，并以此计算出心率指数、心率曲线、心率预警次数等信息，加速度计主要记录中、高、低身体活动强度时间、步数、能耗、静态行为时间，并以此计算 MVPA 占比等信息。练习密度的计算目前无校标标准，所以是由 Polar 公司专员，以规定心率区间时长 / 课堂时间进行计算。每次课开始之前由研究团队成员协助学生在胸口佩戴 Polar 心率，并在腰间佩戴加速度计，确定设备正常运行，尽量扣紧设备保障佩戴稳定不脱落。教师发出上课指令时开始记录直到教师发出下课指令则停止记录。心率带数据可现场直接展示，加速度计数据则需要后期下载分析。选用的测量设备均是已被证实的具有较高的信效度的仪器和设备，保障了测量结果的真实与准确，最终获得 228 节体育课，1561 名学生数据，数据有效率 97.8%。普及型设备验证阶段，以 Polar 心率带、ActiGraph GT3X+ 与可穿戴智能手环对上海体育学院 11 名学生与上海市 10 所学校的 28 名学生的心率数据进行了测量，以 Polar 心率数据为校标，对普及型设备的信效进行了检验以及对手环进行了体育课测评探索应用。

（四）问卷法

根据目前市面常见的可穿戴设备的功能及用途，将具有测评体育课可行性的可穿戴设备及功能进行了汇总，结合体育课测评的相关研究初步构建了《基于可穿戴设备初中体育课测评体系》的指标体系，展开了 3 轮专家问卷咨询工作。第 1 轮专家通过问卷对指标的选取提出了增加和删减的意见。第 2 轮反馈上一轮的结果并结合第一轮的专家意见对指标进行必要的增减并建立测评框架。第 3 轮再次反馈上一轮专家意见，对修改后的指标体系确认，并以简易表格法计算权重。问卷发放与回收均通过电子邮件进行。三轮问卷的发放与回收时间分别为 2019 年 10 月 31 日至 2019 年 11 月 14 日、2019 年 12 月 22 日至 2020 年 1 月 5 日、2020 年 1 月 16 日至 2020 年 1 月 30 日。

在普及型设备检验阶段以民用智能手环与 Polar 同时对体育课上学生心率行了测量（图 5-1），与此同时以问卷法对体育课的学生与体育教师进行问卷调查，引用前人设计的问卷[①]《设备可行性调查问卷》对普及型设备测评体育课的可行性进行了调查，该问卷含 3 个维度（表 5-4）。共调查了 10 所学校 10 节体育课，每节体育课的体育老师与使用该设备的学生均填写了问卷，共发放与收集 28 名学生与 10 名教师的问卷，问卷回收率 100%，有效率 100%。

（五）录像分析法

以可穿戴设备测量体育课的同时我们对体育课进行了视频拍摄，体育课上在被测量学生的衣服上贴了 10×10cm 大小标志物，以便于观察。邀请 4 位资深教师（教龄五年以上）2 人一组对体育课的可穿戴设备不可测的主观指标运用传统主观法进行测评，指标及计分方法参照前人研究（表 4-7）。对主观指标计分时，指标分值为 0 ～ 5 分，分值分别对应“极差”“差”“较差”“一般”“较好”“好”。两位教师在某项计分中出现超过（含）3 分分差的打分情况时，则回溯录像重新共同确定分值，若仍存在分歧，则邀请另一位资深教师辅助补充打分。在本研究中未出现两位打分教师分差超过 3 分的情况，说明教师的打分一致性较好。

---

① MCNAMARA RJ，TSAI L L，WOOTTON SL，et al. Measurement of daily physical activity using the SenseWear Armband：Compliance，comfort，adverse side effects and usability［J］. Chron Respir Dis，2016，13（2）：144-154.

（六）数理统计法

构建体系的过程中为确定各项指标计分的临界值，本研究使用了 SPSS 22.0 中自带的可视化分箱法，对数据进行了分层①，制定了每项可测指标的计分标准，各指标计分标准（见表 4-6）。为检验所构建体系的信效度，本研究采用的探索性因子分析与验证性因子分析（AMOS 22.0）的方法对测评体系进行了必要的检验。为确定构建体系的各指标权重，本研究采用了简易表格法进行了权重计算。金新政根据层次分析法的理论，研制出了一种简便、快捷且测量结果与层次分析法相一致的“简易表格法”，它可用于指标体系各元素的权重计算②。该方法简化了指标之间多轮两两对比过程，将同一指标下的各个因素进行“重要程度”的对比与计分、指标之间重要程度的对比不再通过全覆盖式的两两对比进行操作，而是直接根据指标的重要程度给每个元素进行计分。这种方法避免了层次分析法中可能出现的意见不一致或冲突的情况。而且该方法可以在德尔菲的任意轮次进行，不受轮次限制，符合本研究需要。王孝宁曾在 2002 年对这种方法做了验证研究，表示此方法与层次分析法的结果具有高度一致性③。

---

① 吴明隆 . 问卷统计分析实务：SPSS 操作与应用［M］. 重庆大学出版社，2010：166.

② 金新政 . 多层次加权综合评价方法及应用［J］. 医学教育，1994，（05）：11-15.

③ 王孝宁，何苗，何钦成 . 层次分析法判断矩阵的构成方法及比较［J］. 中国卫生统计，2002，19（02）：47-49.

第四章

测评体系构建

体育课作为学校体育工作的主要构成内容，应承担起学校体育工作的主要责任。测量与反馈是改变行为的关键，也是干预的基础[①]。无论从儿童青少年体质健康角度出发，还是促进学校体育发展的角度出发，都表达出了对体育课进行测评的需求。

第一节　体系构建理论

一、测量理论

测量理论认为各个学科都有各自的测量问题，但测量的内容往往都不是研究对象本身，而是测量对象的某些特征或方面，是对这些现象或特定属性的测量[②]。体育课的质量和过程是人们为了描述和评价而形成的一种假设性的概念，不是能够直接测量的，对体育课的测量不是测量体育课本身，体育课本身并不能被测量，而是通过测量学生、老师或环境的某些属性来反映体育课。体育课测量可以分为直接测量与间接测量，对事物的某种属性和特征的直接测量叫做直接测量，通过对测量结果的分析来估计事物或现象的特征和属性叫做间接测量。对体育课测量属于间接测量，通过对体育课某些方面的指标来间接的反映体育课。教师教学与学生学习的水平可以通过学生体育课上的表现来间接的反映具有合理性。如教师安排课程是否合理，可以通过学生本节课是否得到了充分的锻炼等信息来反映。虽然这样的反映不一定绝对合理，但能够从结果上对过程进行反馈与测评，对于体育课质量的提升具有帮助作用。为了测评体育课，必须建立对应法则，从而对体育课进行间接测评。体育课的测评包含众多指标，这些指标对应体育课的各个角度或内容，通过对这些指标的测评就能够对体育课进行一定反映。体育课的目标之一是提升体育素养促进体质健康，同时这也是学校体育的重要目标，因此，可以通过对这些相关指标的信息进行测量以此来反映体育课。本研究将利用可穿戴设备测量体育课上学生的一些身体活动信息，以学生身体活动的变化及特征来反映教师教学和学生学习的情况，达到对体育课的测评目的。

① Hollis JL，Williams AJ，Sutherland R，et al. A systematic review and meta-analysis of moderate-to-vigorous physical activity levels in elementary school physical education lessons ［J］. International Journal of Behavioral Nutrition & Physical Activity，2016，86（1）：34-54.

② 邢最智，司徒伟成 . 现代教育测量理论［M］. 广州：华南理工大学出版社，1989：1-2.

二、教育评价理论

评价理论和测量问题是很多学科都具有的内容，教育评价的目的之一就是解释和应用，所以教育评价就是要将观测的教育结果进行量化，并根据结果制定反馈①。麦柯儿和桑代克（美国心理学家和教育学家）曾提出这样的假说：所有事物皆有数量，皆可测量②。只要把握教育的本质属性及特征，就可以对其进行量化，测评的结果主导着今后改进与提升策略的制定。教育评价的主要功能之一就是比较和鉴别③。本研究构建的测评体系就是通过德尔菲法确定各项测评指标及其计分方法，对各项测评指标进行量化性操作，让指标内容浅显易懂，使人们对体育课的认识更加简单快捷。

体育课测量也可以分为物理测量与非物理测量，物理测量是指对物质的实体进行测量，如身高、体重。非物理测量是对抽象、复杂的事物属性进行测量，如智力、认知等，测量对象不是实物，但可以用其他实物指标来鉴别反映。基于可穿戴设备的体育课测量属于物理测量与非物理测量的结合[3]，当然也可以通过物理测量的手段侧面反映一些非物理指标，如通过学生的平均心率来判断学生体育课上是否积极，学生的平均心率高，能够一定程度的说明其在体育课上较积极。学生和教师在课堂上的表现一般情况下是一致的，很少有不一致的情况，因此也可以以学生课堂的表现来展现教师的教学情况④。当然现实中也存在不一致的情况，这个时候就需要其他的指标来补充和解释。基于此，本研究所构建的测评体系既包含师生联系紧密的物理指标又包含其他与测评内容联系紧密的非物理指标。

第二节　体系构建原则

体育课评价是教育评价的下位范畴，因此具有教育评价和学校体育评价的特征与要求，体育课评价也必须遵循教育评价与学校体育评价的基本原则。因此，

① 袁尽州，黄海．体育测量与评价［M］．北京：人民体育出版社，2011：99-100.

② 邢最智，司徒伟成．现代教育测量理论［M］．广州：华南理工大学出版社，1989：1-3.

③ 张超慧．学校体育评价［M］．成都：四川大学出版社，2005：15-20.

④ 姚蕾，杨铁黎．中小学体育教学评价的基本理论与实践［M］．北京：北京体育大学出版社，2004：46-47.

构建体育课评估指标体系时应遵循以下原则[①,②]。第一，导向性原则。体育课评价的最终目的是提高体育课质量与效果促进学校体育工作实施，因此体育课评价既要符合体育教学的实际需要与特点，又能体现教育本质与性质，能够对体育课质量进行检验，并能根据检验结果提出干预意见提高教学质量，为学校体育工作的改革和发展提供建议，为体育政策和决策提供参考意见。第二，客观性原则。客观性原则是指在进行体育课进行评价时，为了使体育课评价客观性更强，尽量减少主观影响，使之达到能够在同类范围内通用的效果，从评价的标准和方法到评价的专家的评价态度，特别是评价结果都应客观实际，使评价的过程和内容标准化，尽量减少或断绝主观臆断和个人情感因素的影响。第三，可测性原则。本研究构建的体育课评价体系将遵循可测性原则，体育课评价指标作为具体评价的内容，必须考虑能否量化和能否测量的问题，评价指标可测，能够通过实际观察或者测量获得比较明确的结果，才能实现指标体系的评估功能。第四，科学性原则。构建的测评体系中包含的测评指标，制定的测评标准以及测评方法的选择方面，要体现体育教学和体育教育的需求。构建的体系须具备可靠性和有效性，体系能够有效且准确的对某项属性进行评价，又要尽量让重测的结果保持高度一致。体系构建过程中要以专家意见和体育课数据运算结果为依托，构建出科学、合理而又完整的测评体系，以适当的方法对体系进行验证，以保障测评体系的科学性。第五，可比性原则。构建的测评体系得出的结果需有可比性，结果既能横向比较又可以纵向跟踪与比较[③]。基于可穿戴设备的初中体育课测评体系在指标选用、标准设置、计分方式上要以各单位之间能进行比较作为目的之一。首先，为与国际通用测评标准对接，本体系纳入了 MVPA 占比等客观指标，能够比较方便的将数据与外部进行对比。其次，测评体系方便数据下载与更新，建立档案较方便，若测评标准有浮动，则可根据数据相应变动，为长时期跟踪测评提供技术基础。第六，适用性原则。因为评测的对象为各种内容的体育课，课与课之间存在诸多不同，但所构建的测评体系应符合所有课的特点与实际情况，既要考虑到课程内容的不同，又要考虑到学校条件、教师和学生的个体的差别，在此原则下才能构建出具有普适性的测评体系。

① 蓝自力．对体育课质量评估指标体系的研究［J］．体育科学，1993，（05）：17-20+93.

②胡月英，唐炎，陈佩杰，等．儿童青少年体育健身评估指标体系构建研究[J].中国体育科技，2019，55(02)：29-36.

③ 曲宗湖．学校体育测评理论与方法［M］．北京：人民体育出版社，2002：53-55.

第三节　指标选取

一、选取原则

体系构建的过程中，指标选取的方法也需要遵循一定的原则，以下为本研究指标选取时需遵循的原则。第一，简约性原则。指标不宜太多、不宜过于复杂。评价指标的数量并不是越多越好，而是应该以指标在评价过程中起到作用的大小来考量。与此同时，应以达成目的为基点，评价指标体系应尽力做到全面的涵盖信息。指标的简约可以有效的降低成本，提升评价体系构建的操作性。第二，独立性原则。评价指标应有清晰的内涵、独立性高，指标之间应尽量降低重叠部分、排除因果关系。指标的分级应尽量明确，体系的构建应以测评目的为中心，逐渐分层展开，突出测评结论的目的，凸显测评的意图。第三，代表性原则。筛选的指标应具有一定的代表性，研究对象的某方面特征能够很大程度上通过这些指标得以体现与反映。因此，在指标分析的基础上，应选择能具有代表性的能够对研究的对象全面反映的指标。第四，可比性原则。选择的指标之间应具有比较明显的差别，指标与标准的制定要尽量体现客观性与实际效果，以便互相比较。第五，可行性原则。选取的指标应该可以被测量，具有可行性，符合实际客观水平，具有可操作性。指标的含义应清晰明确，数据来源规范，口径一致，数据收集尽量简单易行①。

二、选取方法

指标体系的构建实际上具有较大的主观性，确定方法基本可归为经验法与数学法两种，多数体系研究属于经验法。很多研究想要通过一些数学方法降低主观随意性，但由于所采用的样本集合的差异性，因此还是不能保证指标体系的唯一性。本研究采用经验法与数学法结合的方式确定指标体系。

（一）经验法

根据研究目的及要求和研究对象的特点，通过咨询相关领域专家获取的经

① 杜栋，庞庆华，吴炎．现代综合评价方法与案例精选（第 3 版）［M］．清华大学出版社，2015：5-8.

验和专业知识，以此来分析和判断哪些评价指标应该纳入的方法就是经验法。使用经验法确定指标的过程关注了以下几点问题。①评价方法的目标目的要明确，把握好评价的主体，明确评价的主题，才能保障评价的结果符合预期要求和实现预期目标。本研究构建的测评体系目的是提高初中体育课质量，评价的主体是教师与学生。②对评价的目标进行分析，得出对评价目标产生影响的影响因素并分层，建立测评体系。一般来说体育课的影响因素层次分为三层，指标、分目标和总目标，以这三个层次对目标进行因素分析。③要重视各个指标之间的联系。因为评价对象的各个指标和各个方面都是存在联系的，是一个整体，正是基于这种联系的差异，才导致评价方法的不同。本研究构建的测评体系调查对象是学生和教师，教师教学行为对学生的活动行为产生影响，根据这些影响关系构建了测评体系。本研究的指标的确定是通过专家的咨询和比较以前的文献资料来分析和选择的，也有直接利用实践经验来选择指标的情况。这几种方法都是建立在专业知识和经验的基础之上的，因此具有很强的客观性、科学性和实用性，这些方法选择的指标不会出现大的偏差。但需强调的是，因为存在较大的主观性，对于复杂程度较高的问题解决起来并不容易。本研究的指标确定是结合专家咨询与文献参考两种方法来进行的，首先根据前人的研究，积累一定数量的指标，通过专家咨询确定了初步指标池，然后开展德尔菲调查，对指标进行了最终的确定。

（二）数学法

在备选的指标池或指标库中，使用数学方法结合一些分析方法来确定最终的评价指标就是数学方法。是实际操作中，为了使评价的角度和范围更加全面，评价者都希望选取的指标更多。但是，指标太多一方面会增加评价的难度，另一方面也可能会造成指标之间的重叠与干扰。所以需要对指标进行优化和筛选，这个过程就是指标体系的优化。优化途径有两种，一种是定性分析，分析指标的内涵与关系。本研究采用因子分析的方法对指标进行提粹与凝练。一般来说，建立评价体系的时候，在不降低评价效果的情况下，应该尽量减少测评的指标。所以我们在指标确定的过程中，对现有的指标进行了分析辨别，抓住主要指标，删除不必要的指标和重复指标，当然，完美提粹主要指标的情况并不现实，但是也不能随意的确定测评的指标。

第四节　体系构建过程

本研究采用德尔菲法对所构建的体系指标进行确定，结合各个指标的平均得分与变异系数对指标进行筛查。原则上，每个层面的指标数量不宜太多。结合可穿戴设备的功能限制考虑，最好的方法是只建立指标池而不对指标进行过多的聚类或分类。任何教学活动的参与者都离不开老师和学生两个因素，教师和学生的表现能够体现教学的目标实现情况[①]，因此我们将体育课测评分为“教师教学”与“学生学习”两大一级指标，明确指标的层次，同时造成了二级指标的数量较多的状况，虽然会给研究带来较大的工作量，但可以在体系初步构建完成之后再以探索性因子分析对指标进行归类。在问卷实施之前以文献资料法进行了“指标池”和“专家库”的建立。

一、专家积极系数

专家的积极系数反映专家的积极程度，计算方法即专家咨询表的回收率（回收率 = 参与的专家数 / 全部专家数），可以反映专家对研究的关心程度。第一轮发出咨询表 16 份，回收 15 份，回收率 93.8%，第二轮与第三轮回收率均为 100%。表明绝大多数专家关心本研究，表示参与专家的积极程度高。

二、专家权威系数

专家权威系数（Cr）表示专家意见的权威程度，一般通过自评分计算，由两个因素决定，一是打分判断系数（Ca），一是专家对问题的熟悉程度（Cs），计算公式为 Cr=（Ca+Cs）/2[②,③]。Ca 在 0 ～ 1 之间，值越大影响程度越大，熟悉程度分五级，程度分级及赋值分别为：很熟悉（1.00），熟悉（0.75），一般熟悉（0.50），不熟悉（0.25），很不熟悉（0.00）。15 名专家对指标非常熟悉

① 姚蕾，杨铁黎 . 中小学体育教学评价的基本理论与实践［M］. 北京体育大学出版社，2004：45.

② 陈小蓉，何嫚，张勤，等 . 我国体育非物质文化遗产综合评价体系的构建与应用［J］. 体育科学，2017，37（005）：48-60.

③ 张大超，李敏 . 我国公共体育设施发展水平评价指标体系研究［J］. 体育科学，2013，033（004）：3-23.

12 人（80.0%），熟悉 3 人（20.0%）。系数赋值和计算方法参照吴建新[①]与胡月英[②]的相关研究，指标判断依据（表 4-1）。经计算 Ca 为 0.95，Cs 为 0.94，Cr 为 0.945。结果表明实践经验和理论分析在专家判断过程中占主要地位，专家的意见可靠性高，一般认为权威系数在 0.7 以上即代表调查结果可靠程度较高，可见本研究专家的权威系数较高，程度理想[③]。

表 4-1　指标判断来源依据

指标判断依据	依据程度		
	高（赋值）	中（赋值）	低（赋值）
实践经验	11（0.5）	4（0.4）	0（0.3）
理论分析	10（0.3）	5（0.2）	0（0.1）
同行了解	0（0.1）	3（0.1）	12（0.1）
直观选择	0（0.1）	0（0.1）	15（0.1）

三、专家协调系数

协调系数代表专家组意见的一致协调程度，本研究三轮专家咨询意见的协调系数分别为 0.609（χ^2=579.662，P ＜ 0.001）、0.619（χ^2=588.462，P ＜ 0.001）、0.701（χ^2=587.662，P ＜ 0.001），结果表示专家意见协调性较好。

四、建立指标池

指标池的指标来源主要来自以下几个部分：参考与引用过去专家学者构建的体育课测评体系中的指标和指标分类方法[④]；参考与引用其他学科有关测评体系构建的指标选取办法[⑤]；结合学校体育及体育课的目标与需求进行讨论。在此基础经过研究团队与专家们的多次讨论，最终形成了一级指标和二级指标池，并对指标的内涵和外延部分做了必要解释。

---

① 吴建新，欧阳河，黄韬，等 . 专家视野中的职业教育校企合作长效机制设计——运用德尔菲专家咨询法进行的调查分析［J］. 现代大学教育，2014，00（05）：74-84.

②胡月英，唐炎，陈佩杰，等 . 儿童青少年体育健身评估指标体系构建研究[J]. 中国体育科技，2019，55(02)：29-36.

③ 吴建新，欧阳河，黄韬，等 . 专家视野中的职业教育校企合作长效机制设计——运用德尔菲专家咨询法进行的调查分析［J］. 现代大学教育，2014，00（05）：74-84.

④尹志华，汪晓赞，孙铭珠 . 基于标准的职前体育教师质量评估认证体系开发研究［J］. 成都体育学院学报，2020，46（02）：85-92.

⑤ 吴明隆 . 问卷统计分析实务：SPSS 操作与应用［M］. 重庆：重庆大学出版社，2010.

五、构建流程

第一轮专家问卷结果分析。本研究的德尔菲共进行三轮，第一轮体育课测评指标遴选（表 4-2）。在第一轮专家问卷中向专家介绍本研究构建测评体系的背景与思路，介绍测评体系的测评对象与预期效果，请专家对测评体系的构建发表个人意见。根据专家意见一致性与专家对各项指标的反馈意见和指标解释，对“指标池”内的指标进行增删。部分有争议的指标的增删需结合第二轮德尔菲的结果来确定最终增删的情况。对各位专家关于各个选项纳入情况进行统计。根据吴建新[①]等使用的指标处理意见标准，第一部分关于课程测评指标，专家赞成比例≥ 70% 的项目共有 17 项，表明专家的意见较为一致，因此这些指标得以暂时保留。赞成比例 41% ～ 69% 的项目有 8 项，这些项目考虑进入下一轮咨询。专家在反馈意见中提到，“情感陶冶”与“意志品质发展”存在重叠部分，违背了指标选取的独立性原则。“意志品质”与“情感陶冶”相比更具可测性与具体性，而且“意志品质”锻炼在以往体育课测评体系中出现的频次更多，因此考虑删除“情感陶冶”保留“意志品质发展”。同时这一情况也出现在“教材搭配合理”与“内容安排合理”上，保留了内涵相对更丰富的“内容安排合理”指标，考虑删除“教材搭配合理”指标。还有专家认为应该增加一级指标“教学环境”，因为“教学环境”是影响教学的一个重要因素，所以应考虑予以纳入。同时有专家建议增加“教师教学”下的二级指标“及时反馈”与“现代技术应用指标”两个指标，这两个指标在已有测评体系中多次出现。以上专家建议添加的这些指标与其他指标将一起进入下一轮咨询确定。结合专家意见，初步形成指标增删处理。

表 4-2　首轮德尔菲咨询指标纳入情况

一级分项	二级分项	赞成比例（%）	处理情况
学生学习			
	负荷强度适宜	100.0	保留
	练习密度合理	93.3	保留
	完成课程质量	93.3	保留
	技能得以发展	86.7	保留
	体能得以发展	80.0	保留

① 吴建新，欧阳河，黄韬，等．专家视野中的职业教育校企合作长效机制设计——运用德尔菲专家咨询法进行的调查分析［J］．现代大学教育，2014，00（05）：74-84.

续表

一级分项	二级分项	赞成比例（%）	处理情况
	上课积极投入	73.3	保留
	运动知识掌握	66.7	待定
	意志品质发展	60.0	待定
	情感得以陶冶	53.3	删除
教师教学			
	充分利用时间	100.0	保留
	保护帮助到位	100.0	保留
	教学目标突出	93.3	保留
	调动学生积极性	93.3	保留
	示范讲解到位	86.7	保留
	内容安排合理	86.7	保留
	教材搭配合理	73.3	删除
	教学原则运用	73.3	保留
	器材设备准备	73.3	保留
	教学步骤清楚	66.7	待定
	课堂常规落实	66.7	待定
	区别对待	53.3	待定
	仪表教态	86.7	待定
	全面照顾	46.7	待定
	教案质量	46.7	待定
考虑新增分项			
	及时反馈		待定
	现代技术应用		待定

本研究是基于可穿戴设备对体育课的测评体系，因此除确定测评体育课的指标之外，还要对可穿戴设备的功能以及这些功能如何对应测评指标进行论证（表4-3）。因为可穿戴设备的功能较多，若不经过一定程度的介绍与筛查，可能会影响问卷的回收与统计效果。因此，第一轮德尔菲正式问卷之前，本研究对可穿戴设备的功能及功能对应情况进行了专家意见的粗略调查，但此项的调查结果不计入协调系数运算。可穿戴设备的功能是依据前文中，能够用于身体活动测评的可穿戴设备具有的功能。初步筛选出对体育课测评有用的功能，确定对体育课测评体系无联系的项目予以删除，所以要求专家对以下功能入选的赞成与否进行选

择，入选率低于 40% 的予以删除，≥ 70% 的予以保留，其他部分指标则经过研究团队讨论后确定，最终形成专家意见。

表 4-3　可穿戴设备功能入选情况

序号	功能	功能简介	入选率	处理
1	MVPA 占比	计量某段时间 MVPA 占比	100.0%	保留
2	练习密度	计量主体某段时间的练习密度	100.0%	保留
3	平均心率指数	计量某段时间的平均心率指数	93.3%	保留
4	心率曲线	识别心率曲线是否递增类型	93.3%	保留
5	过高心率预警	心率指数持续过高则预警提示	93.3%	保留
6	即刻心率	显示当前的心率	80.0%	保留
7	配速识别	计量位移的速度	73.3%	保留
8	动作识别	识别主体走、跑、骑行等	73.3%	保留
9	久坐提醒	保持静态一定时间产生提示	73.3%	保留
10	能量消耗	计量估算身体能耗	66.7%	保留
11	步数	计量某段时间的走和跑的步数	60.0%	删除
12	运动距离	计量位移距离	60.0%	保留
13	步频	计量某段时间的步频	60.0%	保留
14	呼吸频率	计量每分钟的呼吸次数	60.0%	保留
15	攀爬高度	计量显示登山的高度	46.7%	删除
17	电话信息接收	接收电话和信息	26.7%	删除
18	睡眠时长	计量睡眠的时间长度	26.7%	删除
19	饮食跟踪	对食物所含能耗粗略估算	26.7%	删除
20	拍照	拍照篇	26.7%	删除
21	音乐播放	播放音乐	26.7%	删除
16	闹钟	定时提醒	20.0%	删除
22	计时	计算时长和倒计时	20.0%	删除
23	体温计量	计量即刻体温	20.0%	删除
24	时间显示	显示北京时间	20.0%	删除

纳入赞成比例≥ 70% 的指标，对于入选率≤ 40% 的指标考虑予以删除，删除了“信息接收”等 10 个功能指标。其次对于 40% ～ 69% 之间的指标进行研究团体讨论，对测评体育课意义不大的指标进行了合并和删除。讨论后认为初中体育课程的时长存在差异，因此仅以“总能耗”指标测评不合理，应该以单位时间的能耗来测评，单位时间的能耗与 MVPA 占比存在部分重叠，MVPA

的结果确定那么单位时间内的能耗也可以通过计算得出，还可以通过平均心率估算。又因体育课上 MVPA 占比的信息对于体育课测评的价值更高，因此选择保留 MVPA 占比，删除“总能耗”。其他指标经过讨论后，最终考虑删除“步数”“攀爬高度”与“呼吸频率”3 个指标，保留其他 3 个指标，处理结果见表 4-3。

第二轮专家问卷结果分析。第一轮专家建议新增的指标，“教学环境”“及时反馈”与“现代技术应用”指标。在第二轮专家意见调查中的赞成比例不高（≤ 40%），因此予以删除。专家认为，教师在教学中应创造良好的“教学环境”以促进学生的学习效率，但“教学环境”不仅包含教师可创造的部分，还包含学校的硬件设施、气候等，这些因素并不受教师的掌控，若把这些都纳入到体育课的测评中对教师明显不公。实际构建评价指标体系的时候，应根据方法确定指标[①]。本研究是基于可穿戴设备建立的测评体系，需结合可穿戴设备的特殊性，可穿戴设备测量的对象是学生，反映的对象是教师指导体育课水平，因此基于可穿戴设备的测评体系构建跟其他传统的评价体系存在一定的差别。该测评体系的构建是从教师和学生两个角度进行，并没有纳入对教学环境的评价内容。教学环境包含影响体育课的所有物理环境和心理条件，也可以指体育课上学生的排序、师生感情与氛围灯，构成比较复杂。一方面因为可穿戴设备佩戴的主体是人，不能对环境做出测量；另一方面，该体系的构建是基于对身体活动反映教学过程的，教学环境很大部分不是由教师或者学生控制的。所以最终没有纳入教学环境这一指标。“现代技术应用”同样受到环境和条件的制约，同时对于体育课的测评来说意义有限，因此建议删除。其他待定指标认可率一致性较高，均得以保留，最终保留的二级指标题项共 22 项（表 4-3）。另外，本研究构建的测评体客观测量部分（可穿戴设备可测部分）对于技能、认知和情绪等方面并不涉及，这些部分可以通过主观测量来加以补充，我们在建立测评体系的时候对这部分内容的测评依然是以主观法测评。

第二轮专家问卷中同时还进行了测评指标与可穿戴设备功能之间的对应，要求专家将能够反映测评指标的可穿戴设备的功能选出并建立对应关系，以初步确定测评体系的观测点，并邀请专家作简要说明（图 4-1）。对各级指标进行了编码，一级指标为 A1 学生学习，A2 为教师教学。B1 开头的指标为 A1 指标下的二级指标，B2 开头的指标为 A2 下的二级指标。学者曲宗湖曾提到，“体育课密度”不仅是课程密度是否合格的指标，还是衡量教师支配教学（时间利用率）的

① 吴明隆. 问卷统计分析实务：SPSS 操作与应用［M］. 重庆：重庆大学出版社，2010：194-204.

指标。通过对运动负荷的测评可以看出教师安排的课程内容是否合理，是否符合学生机体技能的规律和是否有利于促进学生技能的发展[①]。某一项现象或者指标可能隐含多种问题，学生课堂的表现不仅能体现学生学习情况，也能体现教师的教学水平。换而言之，可穿戴设备测得的某一指标也可以反映多个问题。如学生在体育课上心率指数较低，既能说明学生的“负荷强度”不适宜，也能说明教师在“教学安排方面”不够合理，但“心率指数”可能在体现这两项指标时所占的比重有所不同。因为要区别“教学安排合理”与“负荷强度适宜”这 2 项指标，所以在评价“负荷强度适宜”和“教学安排合理”2 项指标时还需要结合其他指标或调整权重比例。

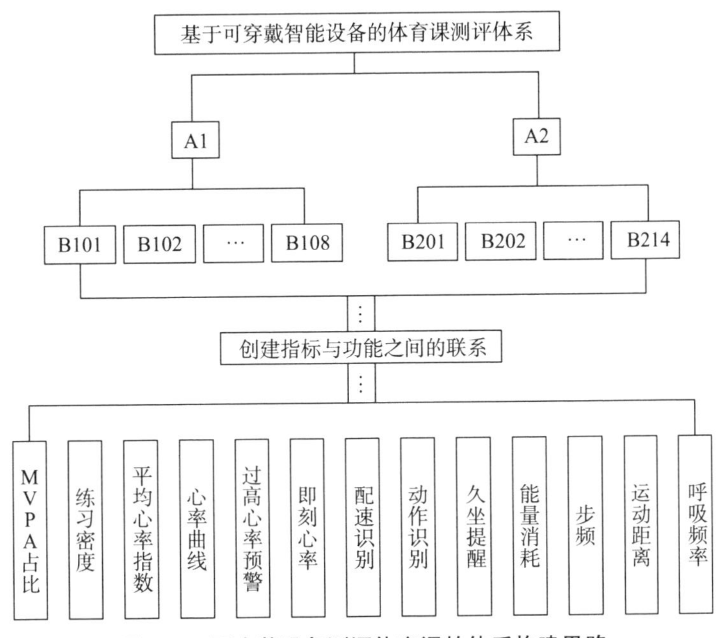

图 4-1　可穿戴设备测评体育课的体系构建思路

注：A 为一级指标，B 为二级指标，A1 含 B101–B108，A2 含 B201–214。

根据本轮调查的结果初步构画出“可测指标”及其对应的观测点即可穿戴设备“功能”（表 4–4 与表 4–5）。若≥ 70% 的专家认为该二级指标“无法以可穿戴设备反映”，则认定该指标题项无法以可穿戴设备测评，即暂定删除，最终要结合第三轮调查结果再次确定后再决定删除或保留。若反映某项指标时，专家选择的可穿戴设备功能没有任何一项赞成率≥ 40%，也认定该项无法以可穿戴设备测评同样予以暂时删除，同样要在第三轮调查中再次确定后决定删留。除这两类

① 曲宗湖 . 学校体育测评理论与方法［M］. 北京：人民体育出版社，2002：173

题项后，对存在争议的其他部分进行下一轮咨询与确定。显然，并不是所有的指标都能够通过可穿戴设备进行反映，还有很多指标仍需要以直观法测评。因此本研究将同时进行可穿戴设备“可测指标”测评体系的构建，同时下文又对传统测评方法反映的指标进行了体系构建。

表 4-4　可穿戴智能设备可测指标统计

编号	指标名称	个案数	认可率	最终处理
B212	仪表教态	14	6.70%	剔除
B207	教学原则运用	14	6.70%	剔除
B214	教案质量	13	13.30%	剔除
B107	运动知识掌握	13	13.30%	剔除
B208	器材设备准备	13	13.30%	剔除
B210	课堂常规落实	13	13.30%	剔除
B205	示范讲解到位	13	13.30%	剔除
B209	教学步骤清楚	12	20.00%	剔除
B203	教学目标突出	11	26.70%	剔除
B104	技能得以发展	8	46.70%	剔除
B108	意志品质发展	7	53.30%	剔除
B202	保护帮助到位	7	53.30%	剔除
B213	全面照顾	6	60.00%	保留
B204	调动学生积极性	4	73.30%	保留
B206	内容安排合理	3	80.00%	保留
B211	区别对待	3	80.00%	保留
B103	完成课程质量	1	93.30%	保留
B201	充分利用时间	1	93.30%	保留
B106	课上积极投入	0	100.00%	保留
B105	体能得以发展	0	100.00%	保留
B101	负荷强度适宜	0	100.00%	保留
B102	练习密度合理	0	100.00%	保留

注：“认可率”=100% –“无法反映”的比例

专家普遍认为“仪表教态”“教学原则运用”“教案质量”“运动知识掌握”“器材设备准备”“课堂常规落实到位”“示范讲解到位”“教学步骤清楚”“教学目标突出”指标不能以可穿戴设备进行测评。“技能得以发展”“意志品质发展”“保护帮助到位”“全面照顾”能否以可穿戴设备进行测评仍不确定。“调动学生积极性”“内容安排合理”“区别对待”“完成课程质量”“充分利用时间”“课上积极投入”“体能得以发展”“负荷强度适宜”“练习密度合理”指标决暂时保留。

第三轮专家问卷结果分析。根据第 2 轮问卷结果结合专家意见设计与发放了第 3 轮问卷，一方面对上一轮各级指标进行确定，另一方面对各级指标以“简易表格法”进行重要性打分，以确定各级指标的相对权重与绝对权重[①,②]。对第二轮 2 个一级指标与 22 个指标及相应观测点进行咨询后结果显示与第二轮咨询结果基本一致，不需要删除或添加指标，第二轮保留的所有题项均具有决策价值。

六、指标解释

结合专家给出的意见，对各项测评指标的测评内容进行了解释。“学生学习”指标下各二级指标的解释：“负荷强度适宜”指标的解释，学生在课堂上的负荷强度是否适宜是指学生生理方面是否得到了足够的刺激或压迫，是否超出了学生可以承受的范围，该指标可通过学生身体活动的强度情况来体现，因此专家建议以“平均心率指数”“心率曲线”“MVPA 占比”三项与身体活动强度相关的内容来共同反映；“练习密度合理”即学生在体育课上的练习密度应该达到一定标准，因此专家建议以“练习密度”来反映；“完成课程质量”，学生在体育课上对于教师设置的课上内容、任务和目标的完成情况，学生身体活动充足，“平均心率指数”与“练习密度”较高，能够很大程度上说明，该学生在体育课上努力程度高，对教师的安排响应更加充分，反映出学生“完成课程质量”较好；“体能得以发展”指标是指学生在体育课上体能能否得到提高，体能代表整体能力，包含的内容覆盖了身体活动的诸多方面，所以通过“平均心率指数”“练习密度”和“MVPA 占比”三项来反映“体能得以发展”指标；“课上积极投入”指标是指学生对待体育课的态度，是否能够投入到体育课的学习内容之中，“平均心率指数”“MVPA 占比”越高则说明学生投入程度越高，因此专家建议以“平均心率指数”“MVPA 占比”对该指标进行反映。

“教师教学”指标下各二级指标的解释：“充分利用时间”指标是指教师对体育课时间的利用效率。“练习密度”“MVPA 占比”“平均心率指数”各自达到要求的学生数量越多，说明教师对学生的调动就越有效率，“心率曲线”合理

① 金新政 . 多层次加权综合评价方法及应用［J］. 医学教育，1994，（05）：11-15.

② 王孝宁，何苗，何钦成 . 层次分析法判断矩阵的构成方法及比较［J］. 中国卫生统计，2002，（02）：47-49.

则说明教师在时间与锻炼的相关布局上合理，让课上时间安排与利用合理，学生练习效率就越高，因此专家建议以上指标反映“充分利用时间”指标；“调动学生积极性”指标是指教师激发学生参与学习或练习的积极性的情况，教师调动能力强，学生在体育课上的“MVPA 占比”“平均心率指数”“练习密度”就越高，也代表教师对学生的积极性调动越充分，因此以这三项内容来反映该指标；“内容安排合理指标”指标是指教师对体育课上的各项内容的安排有序合理，教师内容安排合理则学生在体育课上负荷适当，学生的状态应符合循序渐进的状态，所以学生的心率曲线应呈现循序渐进升高之后逐渐恢复的整体趋势，因此以“平均心率指数”“心率曲线”共同反映；“区别对待”指标是指教师在体育课上能够掌握学生差异，平衡好不同学习基础的学生进度。教师要做到区别对待，就是要保证不同身体水平的学生都得到较好的锻炼，学生达到“评价心率指数达标率”标准的人数越多，可以反映教师对学生身体活动强度的把握控制更加优秀，“心率预警次数”可以反映教师对强度安排是否适合每个学生或安排的内容是否超出了个别学生的能力范畴；“全面照顾”指标是指教师能够掌握好班级的整体进展情况。只有教师做到“全面照顾”才能保证更多的学生的心率指数达到要求，因此以学生达到合格心率指数的比例来反映该指标。

表 4-5　各项指标与可穿戴设备功能对应情况

一级指标	二级指标	观测点	赞成比例（%）		处理
			第二轮	第三轮	
A1 学生学习	B101 负荷强度适宜	平均心率指数	93.3	93.3	保留
		心率曲线达标比例	60.0	86.7	保留
		MVPA 占比	53.3	86.7	保留
	B102 练习密度合理	练习密度	100	100	保留
	B103 完成课程质量	平均心率指数	73.3	93.3	保留
		练习密度	66.7	86.7	保留
		心率曲线	40.0	40.0	删除
		MVPA 占比	40.0	40.0	删除
	B104 技能得以发展	/	/	/	
	B105 体能得以发展	平均心率指数	100	100	保留
		练习密度	80.0	100	保留
		MVPA 占比	66.7	86.7	保留
		心率曲线	46.7	40.0	删除

续表

一级指标	二级指标	观测点	赞成比例（%）		处理
			第二轮	第三轮	
A1 学生学习	B106 课上积极投入	平均心率指数	93.3	93.3	保留
		MVPA 占比	73.3	86.7	保留
		练习密度	46.7	46.7	删除
	B107 运动知识掌握	/	/	/	
	B108 意志品质发展	/	/	/	
A2 教师教学	B201 充分利用时间	练习密度	86.7	93.9	保留
		MVPA 占比	60.0	86.7	保留
		平均心率指数	53.3	60.0	保留
		心率曲线达标比例	46.7	66.7	保留
	B202 保护帮助到位	/	/		
	B203 教学目标突出	/	/		
	B204 调动学生积极性	MVPA 占比	60.0	73.3	保留
		平均心率指数	60.0	73.3	保留
		练习密度	60.0	60.0	保留
	B205 示范讲解到位	/	/	/	
	B206 内容安排合理	平均心率指数	66.7	73.3	保留
		练习密度	46.7	40.0	删除
		心率曲线达标比例	46.7	73.3	保留
	B207 教学原则运用	/	/	/	
	B208 器材设备准备	/	/	/	
	B209 教学步骤清楚	/	/	/	
	B210 课堂常规落实	/	/	/	
	B211 区别对待	心率预警	66.7	86.7	保留
		心率指数达标比例	46.7	73.3	保留
	B212 仪表教态	/	/	/	
	B213 全面照顾	心率指数达标比例	46.7	73.3	保留
	B214 教案质量	/	/	/	

注：“/”表示该指标目前仅能以传统方法测评，可穿戴设备暂无法反映该指标。可测指标中各指标赋值临界点以可视化分箱法进行确定，按数据分布百分比分割为 6 个区间段，分别依次赋值。为降低各个指标之间的联系，本研究根据专家意见使用了“平均心率指数”与“心率指数达标率”两种计分形式以增加各指标的区分度。

在第二轮专家意见反馈中，有专家认为有很多指标以可穿戴设备进行测评和反映时并不充分。某些指标如“内容安排合理”不应仅仅以“平均心率指数”“练习密度”反映，还需要其他的内容进行补充。对于此问题研究团队经过了讨论并查阅了相关资料，测量理论中也曾提到，对某指标的测评不可能做到完全透彻，只能力求切近，任何测量都不可能完全反映事物的本质，对于事物的测量只能是一部分[①,②]。因此虽然可穿戴设备存在一定局限性，本研究从可穿戴设备功能角度力求全面反映各个指标是合理的。在初步完成测评构建之后，对各个指标对应的可穿戴设备功能进行反向梳理，以确定没有不同指标对应相同功能的情况，以免造成指标之间关联性过强从而导致测评体系的区分效度太低。通过反向梳理发现没有完全相同的指标情况，在此基础上通过增设不同可穿戴设备功能所占的权重来调整各个指标的反映情况，进一步避免区分效度过低的情况。为降低各个指标之间的联系，在后面指标中使用了“心率指数达标率”指标，达标率的计分方法的合理性曾在各项研究中得到证实，也符合本研究的情形[③]。

第五节　测评体系验证

进行因子分析和结构方程模型验证时，要求样本充足，应介于指标数量的5到10倍[④]，在数据库中抽取了全部数据用作验证分析，1/2部分用于探索性因子分析，1/2部分用于验证性因子分析。结合已有研究设定指标的计分标准和临界值，对于体育课MVPA占比、心率预警次数等指标划分标准没有相关参考或具体划分等级尚不清晰的，界值选取采用SPSS 22.0中自带的“可视化聚集器”的方法确定[⑤]。以采集到的所有学生数据为基础，将所有“心率预警”的数据分为6个区。每个区分别对应0到6，每个区间分别赋予0到5的等差数列整数分值。心率预警次数设置是以达到最大心率（220-平均年龄）超过10秒为阈值，达到此要求则出现预警，若心率一直保持则每隔10秒算1次预警，未满10秒的

① 袁尽州，黄海．体育测量与评价［M］．北京：人民体育出版社，2011：99-104.

② 邢最智，司徒伟成．现代教育测量理论［M］．广州：华南理工大学出版社，1989：1-2.

③ 胡月英，唐炎，陈佩杰，等．儿童青少年体育健身评估指标体系构建研究[J].中国体育科技，2019，55(02)：29-36.

④ 吴明隆．结构方程模型：Amos实务进阶［M］．重庆：重庆大学出版社，2010：196.

⑤ 吴明隆．问卷统计分析实务：SPSS操作与应用［M］．重庆：重庆大学出版社，2010：172-181.

则不算次数。预警次数指标受班级人数影响，班级人数越多，出现心率预警的次数也就容易越多，所以心率预警次数经过班级人数标准化后再得出各个赋值区间。该评价体系的测量内容为可穿戴设备测量的各个参数，各个参数按照不同比例和组会共同反映不同因子（二级指标），因此因子的得分即观测点的得分，对评价体系进行信效度验证即以各因子的得分为数据分析源（表 4–6）。

表 4–6　各测量项目赋值情况

指数	指数达标率	曲线达标率	MVPA	练习密度	心率预警	赋值
≥ 1.7	≥ 87%	100%	≥ 36.2%	≥ 42.0	≤ N/22 次	100
1.6 ～ 1.69	81 ～ 86%	91 ～ 99%	28.2 ～ 36.1%	38.0 ～ 41.9	N/12 ～ N/21 次	80
1.5 ～ 1.59	75 ～ 80%	84 ～ 90%	22.6 ～ 28.1%	36.0 ～ 37.9	N/6 ～ N/11 次	60
1.4 ～ 1.49	71 ～ 74%	72 ～ 83%	19.1 ～ 22.5%	35.0 ～ 35.9	N/3 ～ N/5 次	40
1.3 ～ 1.39	68 ～ 70%	60 ～ 71%	16.2 ～ 19.0%	32.0 ～ 34.9	N/2 ～ N 次	20
≤ 1.29	≤ 67%	≤ 59%	≤ 16.1%	≤ 31.9	≥ N–1 次	0

注：N 为体育课上学生数量。

除客观可测指标外的主观指标，是以主观评价法进行测评，邀请 4 位教龄 5 年以上的初中体育教师 2 人一组分别以录像分析法对相关主观指标进行测评计分，相关指标的测评方式参照姚蕾、张超慧编制的体育教学质量测评体系进行测评[①,②]，单指标测评的效度有所保障。对每个主观指标进行类似李克特五级式计分，增加一项 0 分（最低不得分），分别对应 0，20，40，60，80，100 分。另外，四位教师也要对客观指标“心率曲线类型”进行计分，认为学生心率符合循序渐进式升高，而后保持一段时间，最后缓慢下降恢复情形的则认为心率曲线合格，否则不合格，心率曲线符合要求的学生比例即为心率曲线达标率得分，主观指标计分方法（表 4–7）。

表 4–7　主观指标计分项及计分说明

一级指标	二级指标名称	解释
学生学习	技能得以发展	学生能理解基本要领，基本掌握所学的技术
	运动知识掌握	学生运动知识掌握情况
	意志品质发展	是否有进取心，主动学习与克服困难，喜爱锻炼

① 姚蕾，杨铁黎 . 中小学体育教学评价的基本理论与实践［M］. 北京：北京体育大学出版社，2004：111-196.

② 张超慧 . 学校体育评价［M］. 成都：四川大学出版社，2005：194–265.

续表

一级指标	二级指标名称	解释
教师教学	保护帮助到位	是否符合学生身心特点、安全措施落实、工作得法
	教学目标突出	教材重点偶突出，教学目标体现于课堂
	示范讲解到位	讲解简明、术语规范正确，示范正确，方位恰当
	教学原则运用	教学方法运用是否突出重点、手段有效、即时反馈
	器材设备准备	场地与器材的安排和运用是否合理、使用规范合理
	教学步骤清楚	循序渐进，步骤清楚，层次分明
	课堂常规落实	是否贯彻课堂常规并积极落实
	仪表教态	教态是否自然、端庄、大方、精神饱满
	教案质量	工整规范，任务明确，符合大纲和教学计划相关要求，重点突出，内容合理，方法适当，分配合理

需要说明的是，以录像分析法对主观指标进行计分时，某些指标如“教案质量”“课堂常规落实”“仪表教态”“器材设备准备”“教学步骤清楚”“讲解示范到位”“教学目标突出”“保护保住到位”每个班级仅有一个分数。其他指标则以被观察或被测试指标的平均值为数据进行分析，指标得分则是所有计分的均值。该评价体系是由该领域专家合作完成，专家效度已有保障因此无需再次验证，但需对该体系的鉴别度和适切性进行进一步的验证。

本研究采用因子分析（又称因素分析）的检验方法对体系进行了验证，但在因子分析之前需要计算出各二级指标的得分。以主观法计分的部分通过录像分析法已经获得，而通过可穿戴设备测量的指标（客观）得分需要多个指标按不同比例结合计算，因此本研究首先利用简易表格法对“可测指标”的权重进行了初步计算，从而得出客观指标部分的得分。依据简易表格法的设计，由专家对上下层元素或指标之间的关系进行定性填表，结合精确法或和算法计算下层元素对于上次元素的相对权重，经过层层递进最终确定底层指标或观测点对于目标的组合权重。简易表格法的专家最终计分汇总以“最大频率法”结合“均数法”确定，各个指标得分以各个指标对应的频数最大的分值或均数分值联合确定，在最大频数出现相同时，则以 2 个（或多个）最大频数的分值的均数为准①。可得客观测量的二级指标下各指标观测点（测量点）的权重，从而计算每个二级指标的得分，之后才能对各二级指标的得分进行因子分析。

① 吴秋林．体育课程评价的理论与实践研究［M］．北京：人民体育出版社，2008：54-67.

一、简易表格法专家计分

“简易表格法”来确定指标权重的方法不易受指标多少的影响，也不受轮次限制，既可以最后一轮打分也可以提前打分，指标分值计算可根据指标的多少而对应增设或减少（表 4–8）。简易表格法因打分机制特殊，无需经过专家意见的一致性验证，而它的准确性与 AHP 法相近[①]。依据简易表格法的设计，由专家对上下层元素或指标之间的关系进行定性填表，结合精确法或和算法计算下层元素对于上次元素的相对权重，经过层层递进最终确定底层指标或观测点对于目标的组合权重。

表 4–8　重要性分值及对应含义

重要程度	定义	含义
1	同等重要	两个元素作用相同
3	稍强	一个元素比另一个元素作用稍强
5	强	一个元素明显强于另一个元素
7	很强	一个元素强于另一个元素的幅度很大
9	绝对强	一个元素强于另一元素可控制的最大可能
2，4，6，8		以上标度的中间值
倒数值		当 i 与 j 比较时，被赋予以上摸个标度值，则 j 与 i 比较的权重就应是那个标度的倒数

在进行因子分析之前，需要对各个二级指标的分值进行确定，可测指标的分值需要在其各部分权重确定的前提下获得，因此需要提前对可测指标的各个“观测点”或“测量点”的权重进行确定以此来获得各个指标的得分，从而才能进行各个指标分值的计算，以下是对各个指标下各项目的比重的确定。本研究采用的是简易表格法，各项目的专家最终计分汇总是以“均数法”与“最大频率法”结合综合确定，最大频数相同时，则参考均数，选取各个指标对应的均数分值或频数最大的分值[②]。最终形成专家重要性计分结果（表 4–9）。

表 4–9　体育课测评指标重要性计分情况

指标名称	重要性得分	指标名称	重要性得分
A1 学生学习	2	B203 教学目标突出	3
B101 负荷强度适宜	2	B204 调动学生积极性	3

① 王孝宁，何苗，何钦成 . 层次分析法判断矩阵的构成方法及比较［J］. 中国卫生统计，2002，19（02）：47–49.

② 吴秋林 . 体育课程评价的理论与实践研究［M］. 人民体育出版社，2008：128–199.

续表

指标名称	重要性得分	指标名称	重要性得分
B102 练习密度合理	2	B205 示范讲解到位	3
B103 完成课程质量	1	B206 内容安排合理	2
B104 技能得以发展	2	B207 教学原则运用	3
B105 体能得以发展	2	B208 器材设备准备	3
B106 课上积极投入	3	B209 教学步骤清楚	3
B107 运动知识掌握	2	B210 课堂常规落实	5
B108 意志品质发展	4	B211 区别对待	3
A2 教师教学	1	B212 仪表教态	3
B201 充分利用时间	1	B213 全面照顾	3
B202 保护帮助到位	3	B214 教案质量	4

二、指标判断矩阵建立

在探索性因子分析之前建立重要性统计矩阵，对各项指标的分值进行整理与汇总，即便有指标在因子分析后删除，也可以在此基础上删除该项矩阵横列和纵列，对权重及赋值情况的计算也不会受到影响。可测指标的矩阵也是以此为例进行，计算方法类似，各个观测点的计分矩阵计分不再重复呈现，此矩阵的计分可以灵活地对指标进行增删。因此，该计分方式也不受轮次的影响，可以在第一轮就打分，根据指标的变化对矩阵进行指标增删即可，不影响最后权重的计算。对可测指标对应的可穿戴设备功能重要性打分（表 4–10）。每项指标下的功能名称（测量点）均无完全重复的情况，因此指标之间有一定的区别和区分作用。

表 4–10　可测指标各测量点计分情况

一级指标	二级指标	功能名称	重要性得分
学生学习	完成课程质量		
		平均心率指数	1
		练习密度	1
	上课积极投入		
		平均心率指数	1
		MVPA 占比	2
	体能得以发展		
		平均心率指数	1

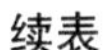

续表

一级指标	二级指标	功能名称	重要性得分
		练习密度	2
		MVPA 占比	1
	负荷强度适宜		
		平均心率指数	1
		心率曲线达标比例	3
		MVPA 占比	2
	练习密度合理		
		练习密度	1
教师教学	充分利用时间		
		练习密度	1
		MVPA 占比	2
		平均心率指数	3
		心率曲线达标比例	4
	调动学生积极性		
		MVPA 占比	1
		平均心率	1
		练习密度	1
	全面照顾		
		心率指数达标比例	3
	区别对待		
		过高心率预警	3
		心率指数达标比例	2
	内容安排合理		
		平均心率指数	2
		心率曲线达标比例	3

三、指标权重计算

简易表格法计算权重，在确定每个指标的重要性计分之后，计算权重的方法与层次分析法类似。指标得分每列的元素除以列和，得到归一化矩阵见表4-11。

表 4-11　一级指标权重计算示例

A	A1	A2
A1	1/3	1/3
A2	2/3	2/3

对每行元素的分值进行平均，将归一矩阵的一行中的数值相加并处以数值的个数，得到两个值

$$\frac{1/3+1/3}{2}=1/3=0.3333;\frac{2/3+2/3}{2}=2/3=0.6667$$

A=（0.3333 0.6667）^{T}

同理可得各二级指标权重，下层的权重是受到上层权重的影响的，因此可以根据上层权重计算下层权重，即为对目标的组合权重。经过效度检验之后二级指标可能会出现增减，所以此处没有将二级指标的权重全部计算，此处单独对可测指标的各个观测部分进行权重的计算。

待进行因子分析之后，二级指标题项增减情况确定，再利用上述原理对各二级指标的权重进行计算。最终计算结果如表 4-12 所示。首先对各个测量点进行分层的因子分析，分析发现各个二级指标下的测量点信效度较好，然后在测量点的权重确定后对各个二级指标的得分进行统计，并进行探索性因子分析。

表 4-12　二级指标下各测量点的计分权重

指标名称	名称	相对权重
负荷强度适宜	平均心率指数	0.5390
	心率曲线达标比例	0.1637
	MVPA 占比	0.2973
练习密度合理	练习密度	1.0000
完成课程质量	平均心率指数	0.5000
	练习密度	0.5000
体能得以发展	平均心率指数	0.4000
	练习密度	0.2000
	MVPA 占比	0.4000
上课积极投入	平均心率指数	0.6667
	MVPA 占比	0.3333
充分利用时间	练习密度	0.4657
	MVPA 占比	0.2771
	平均心率指数	0.1612

续表

指标名称	名称	相对权重
	心率曲线达标比例	0.0960
调动学生积极性	MVPA 占比	0.3333
	平均心率指数	0.3333
	练习密度	0.3334
内容安排合理	平均心率指数	0.6667
	心率曲线达标比例	0.3334
区别对待	心率预警	0.3334
	平均心率指数	0.6667
全面照顾	心率指数达标比例	1.0000

（一）因子分析

为确定体系的结构效度，对初步构建的测评体系进行了探索性因子分析。，一般来说探索性因子分析可以提前确定因子的个数[①]。本研究构建的测评体系提前确定了两个公共因子“教师教学”与“学生学习”，以此为框架对测评体系进行探索性因子分析（表 4–13）。

表 4–13　KMO 与 Bartlett 检验

Kaiser–Meyer–Olkin 取样适切性数量	.743
Bartlett 的球形度检验近似卡方分配	3336.820
自由度	276
显著性	＜ 0.001

对包含主观可测指标的测评体系使用 SPSS 22.0 进行探索性因子分析前统计，得出 KMO 值为 0.743，达到适中的程度并接近良好，结果表明“基于可穿戴设备的初中体育课测评体系”适合进行因子分析；巴特勒球形检验结果 p ＜ 0.001，达到显著水平，拒绝相关矩阵单元矩阵的假设，表明采集的数据确定适合做因子分析。因为某些因子之间存在联系，所以采用斜交法旋转。本研究在体系构建之初就已经编制除了基本框架，因此在因子分析中限定了因子提取的个数为 2，然后进行公共因子抽取，因素之间存在相关选择斜交转轴进行（表 4–14）。

① 吴明隆 . 结构方程模型：Amos 实务进阶［M］. 重庆大学出版社，2010：194–204.

表 4-14　旋转成分矩阵

编号	名称	成分	
		1	2
B101	负荷强度适宜	0.977	−0.057
B102	练习密度合理	0.877	−0.050
B103	完成课程质量	0.788	−0.225
B104	技能得以发展	0.663	0.199
B105	体能得以发展	0.738	0.221
B106	课上积极投入	0.964	−0.108
B107	运动知识掌握	0.510	0.393
B108	意志品质发展	0.504	0.405
B201	充分利用时间	0.505	0.233
B202	保护帮助到位	0.242	0.818
B203	教学目标突出	0.410	0.669
B204	调动学生积极性	0.595	0.030
B205	示范讲解到位	0.406	0.611
B206	内容安排合理	0.731	0.156
B207	教学原则运用	0.385	0.530
B208	器材设备准备	0.399	0.658
B209	教学步骤清楚	0.347	0.601
B210	课堂常规落实	0.351	0.702
B211	区别对待	0.644	0.012
B212	仪表教态	0.212	0.702
B213	全面照顾	0.093	0.534
B214	教案质量	0.358	0.531

注：提取方法为主成分分析法，旋转方法：斜交转轴法。

探索性因子分析的结果显示，“充分利用时间”“调动学生积极性”“内容安排合理”“区别对待”四个指标出现了与原来的编制理论不符合的情况，系数表示这些指标倾向归属于成分 1，运用“轮筛法”依次将不符合编制理论的指标删除，依次删除“区别对待”“调动学生积极性”与“内容安排合理”后，分别再次进行探索性因子分析，最终提取的因素与原先编制的框架较为吻合，说明此时因子结构已符合原编制理论。结果如表 4-15 所示。

表 4-15　轮筛后旋转成分矩阵

编号	名称	成分	
		1	2
B101	负荷强度适宜	0.878	−0.157
B102	练习密度合理	0.867	−0.250
B103	完成课程质量	0.787	−0.125
B104	技能得以发展	0.555	0.410
B105	体能得以发展	0.777	0.012
B106	课上积极投入	0.774	0.023
B107	运动知识掌握	0.738	0.236
B108	意志品质发展	0.712	0.316
B201	充分利用时间	0.573	0.499
B202	保护帮助到位	0.430	0.501
B203	教学目标突出	0.210	0.613
B205	示范讲解到位	0.311	0.599
B207	教学原则运用	0.235	0.543
B208	器材设备准备	0.013	0.714
B209	教学步骤清楚	0.032	0.602
B210	课堂常规落实	0.152	0.604
B212	仪表教态	0.231	0.731
B213	全面照顾	0.239	0.643
B214	教案质量	0.163	0.612

注：提取方法为主成分分析法

通过旋转成分矩阵表可以看出，B101 至 B108 影响的主因子 1“学生学习”较大，每个指标在主因子 1 上的载荷＞ 0.55，意味着体育课上“学生学习”情况。其它指标则对主因子 2“教师教学”产生较大影响。B201“充分利用时间”的共同因子负荷量均大于 0.45，数值十分接近 0.5，根据归类要求标准，接近 0.5 的指标可由研究者自行决定其归类①，从指标原编制归属类别角度看，将此项归于原类别（因子 2 教师教学）更符合原理论框架，更换类别会导致测评框架的合理性降低，因此仍然将 B201 归于因子 2，其他指标均＞ 0.5。意味着体育课上“教师教学”的情况。最终将因子 1 命名为“学生学习”，因子 2 命名为“教师

① 吴明隆．问卷统计分析实务：SPSS 操作与应用［M］．重庆大学出版社，2010：210-235.

教学”①。

如总方差解释所示（表 4-16），2 个主成分累积贡献率为 69.5%，达到要求，对测评体系具有解释价值。各个层面包含的指标确定后，一般要求求出其内部一致性。一般以 Cronbach’s α 系数测评，“学生学习”与“教师教学”层面分别为 0.899 与 0.779，均＞0.7，表明该测评体系的内部一致性较好，具有较好的信度。对因子 1 与因子 2 的各自指标的内部一致性系数进行计算（表 4-17），因子 1“修正的指标总相关”值为 0.334 ～ 0.666 之间，“指标删除后的 Cronbach’s α 系数”均小于 0.899，指标的内部一致性佳，不需要再删除任何指标。因子 2“修正的指标总相关”值为 0.321 ～ 0.578 之间，“指标删除后的 Cronbach’s α 系数”均小于 0.779，指标的内部一致性佳，也不需要再删除任何指标。总体测评体系的 Cronbach’s α 系数为 0.889，测评体系的整体信度也较好，至此可以说该测评体系的信度较好。

表 4-16　总方差解释

成分	平方和载荷量提取			转轴平方和载荷量		
	总计	方差 %	累积 %	总计	方差 %	累积 %
1	6.299	40.732	40.732	5.468	36.065	36.065
2	2.237	30.055	70.787	3.688	33.456	69.521

注：提取方法主成分分析

表 4-17　指标修正相关信息

编号			修正的指标总相关	指标删除后的 Cronbach’s α 系数
因子 1	B101	负荷强度适宜	0.654	0.886
	B102	练习密度合理	0.666	0.871
	B103	完成课程质量	0.604	0.843
	B104	技能得以发展	0.334	0.705
	B105	体能得以发展	0.632	0.794
	B106	课上积极投入	0.645	0.785
	B107	运动知识掌握	0.599	0.845
	B108	意志品质发展	0.642	0.754

①张晓莹，赵轩立，卢凤．我国竞技健美操裁判员选派指标体系的构建与实证研究［J］．北京体育大学学报，2016，39（10）：108-114.

续表

编号			修正的指标总相关	指标删除后的 Cronbach’s α 系数
因子 2	B201	充分利用时间	0.346	0.651
	B202	保护帮助到位	0.321	0.574
	B203	教学目标突出	0.456	0.777
	B205	示范讲解到位	0.455	0.698
	B207	教学原则运用	0.405	0.655
	B208	器材设备准备	0.578	0.800
	B209	教学步骤清楚	0.444	0.678
	B210	课堂常规落实	0.434	0.677
	B212	仪表教态	0.567	0.778
	B213	全面照顾	0.564	0.765
	B214	教案质量	0.512	0.748

体系指标确定后，利用简易表格法的结果对各指标重新建立矩阵，对测评体系指标的权重重新进行整理。下层的权重是受到上层权重影响的，因此根据上层权重计算下层权重，测评体系权重确定结果如下（表 4–18）。

表 4–18　测评体系指标及权重确定

一级指标	二级指标及权重 /%			观测点及权重 /%		
	编号	相对	绝对	功能名称	相对	绝对
A1	B101	12.94	4.31	平均心率指数	53.90	2.32
33.33				心率曲线	16.37	0.71
				MVPA 占比	29.73	1.28
	B102	12.37	4.12	练习密度	100	4.12
	B103	23.88	7.97	平均心率指数	50.00	3.99
				练习密度	50.00	3.99
	B104	12.94	4.31	/	100	4.31
	B105	12.94	4.31	平均心率指数	40.00	1.72
				练习密度	20.00	0.86
				MVPA 占比	40.00	1.72
	B106	7.01	2.34	平均心率指数	66.67	1.56
				MVPA 占比	33.33	0.78
	B107	12.97	4.32	/	100	4.32
	B108	4.95	1.65	/	100	1.65

续表

一级指标	二级指标及权重 /%			观测点及权重 /%		
	编号	相对	绝对	功能名称	相对	绝对
A2	B201	23.80	15.87	练习密度	46.58	7.39
66.67				MVPA 占比	27.71	4.40
				平均心率指数	16.11	2.56
				心率曲线	9.60	1.52
	B202	8.58	5.72	/	100	5.72
	B203	8.58	5.72	/	100	5.72
	B205	8.58	5.72	/	100	5.72
	B207	8.58	5.72	/	100	5.72
	B208	8.58	5.72	/	100	5.72
	B209	8.58	5.72	/	100	5.72
	B210	2.96	1.97	/	100	1.97
	B212	8.58	5.72	/	100	5.72
	B213	8.58	5.72	心率指数达标比例	100	5.72
	B214	4.60	3.07	/	100	3.07

使用结构方程模型 Amos 21.0 对测评体系进行验证性因子分析（极大似然法二阶验证性因子分析）（表 4–19）。抽取的样本数据峰度和偏度均在要求范围之内，满足正态分布需求。本研究所构建的测评体系有 2 个因子，斜对角线对应数值为 AVE 根号值，AVE 根号值均大于 0.8，都比两者的相关系数大且大于 0.700（P ＜ 0.001），CR 值大于 0.7。标准载荷系数仅有 1 个二级指标为 0.68 数值但比较接近 0.7，因此选择保留，其他指标均大于 0.7，因子与测量项之间对应关系良好。

表 4–19　验证性因子分析

	因子 1 学生学习	因子 2 教师教学
因子 1 学生学习	0.842	
因子 2 教师教学	0.700*	0.840

注：此矩阵对角线为 AVE 的平方根，对角线上方为各因子之间的相关系数，*p ＜ 0.05。**p ＜ 0.001。

根据模型修正提示，因为可测指标之间存在一定的相关，因此某些指标有跨因子负荷量的效度，因子选择释放部分共变关系，依次释放组内构念误差项协方差，这也意味着这几项指标之间的区别度可能受到影响，但根据该体系的检验结果看这种影响有限得以继续进行。

模型拟合指标方面，CMIN/df为3.276，GFI=0.879，CFI=0.789，RMSEA=0.104，NFI=0.904，NNFI=0.921，参考以往研究中关于标准值的设置，表明该测评体系具有良好的效度[①,②]。至此，可以说基于可穿戴设备的体育课测评体系结构效度较好，确立测评体系的各项指标，各指标的层次与结构得以建立，共包含2个一级指标与19个二级指标（图4-2）。

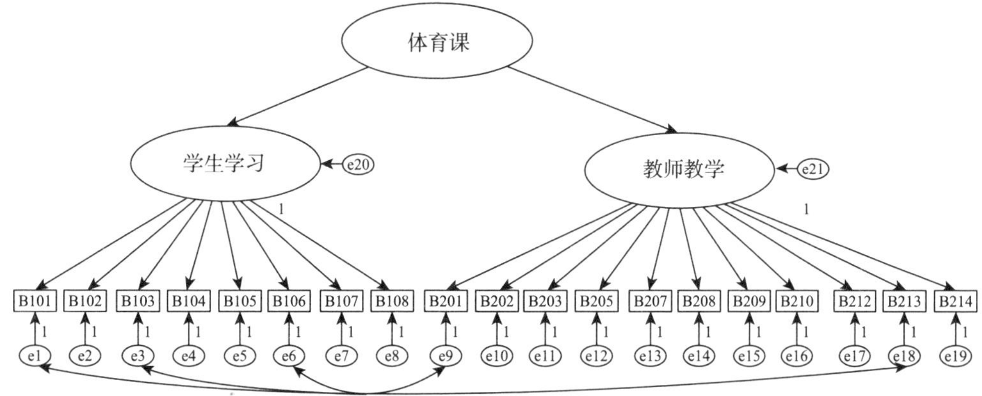

图4-2 基于可穿戴设备的初中体育课测评体系模型验证图

（二）分层验证

局限于客观测量法的功能，基于可穿戴设备的体育课测评体系不能将所有指标客观化，仍有部分指标需要以主观法测评。本研究在构建完成测评体系之后，将纯客观测评的指标进行了分层单项构建，得出“学生健康促进”与“教师教学效率”两个构念，旨在为体育课的单项测评提供参考。以下仍是以探索性因子分析对指标进行了初步归纳验证。前文中提到已知在编制量表的过程中若已经明确量表分为几个层面或构面的，则可以分层分别进行因素分析[③]，但各个“分层”（二级指标）结果不建议直接相加。本测评体系已明确将量表分为“学生学习”与“教师教学”两个层面，因而可以分别对两个层面各自所包含的题项进行各个层面的因素分析。

① 王丽娟，郑丹蘅．习惯行为、执行意向与青少年身体活动意向与行为：基于计划行为理论的扩展模型［J］．上海体育学院学报，2020，44（02）：22-32.

② HU L T，BENTLER PM. Cutoff criteria for fit indexes in covariance structure analysis：Conventional criteria versus new alternatives ［J］. Structural Equation Modeling A Multidisciplinary Journal，1998，3（4）：55-61.

③ 吴明隆．问卷统计分析实务：SPSS操作与应用［M］．重庆大学出版社，2010：194-204.

“学生学习”与“教师教学”2个层面的因素特征值分别为5.467与3.242，累积解释变异量为67.730。因为各个层面仅提取一个共同因子，所以不再进行转轴程序，成分矩阵结果显示，5个题项变量的负荷量为0.632～0.943之间，均＞0.60，至少可以解释观察变量的解释变异至少36%，说明提取的共同因素可以有效反应五个指标变量。同理，“教师教学”层面，将“区别对待”删除后，获得最佳效果。因素特征值为3.242，解释变异量21.055%，四个指标变量的负荷量为0.674～0.892之间，均＞0.60，至少可以解释观察变量的解释变异至少36%，说明提取的共同因素可以有效反应四个指标变量（表4–20）。

表4–20　总方差解释

成分	平方和载荷量提取		
	总计	方差百分比	累积%
1 学生学习	5.467	46.685	46.685
2 教师教学	3.242	21.055	67.730

对修订后的两个层面进行可靠性检验。科隆巴赫系数分别为0.909与0.893，一致性信度佳（表4–21）。层面构念的信度检验结果较理想，至此，可以说两个层面的题项已证明可以作为正式量表或正式量表的一部分。由于是分层进行的因子分析，所以不建议两个层面之间直接相加来计算结果，该体系的测评结果分为“学生学习”与“教师教学”两个独立部分，可以作为体育课测评的数据参考。

表4–21　可靠性检验

	克隆巴赫 Alpha	项数
学生学习	0.909	5
教师教学	0.893	4

利用简易表格法对构念下各指标确定权重（表4–22）。测评共有2个构念及7个下级级指标，根据各指标的定义与释义将归纳出的一级指标重新命名为“学生健康促进”与“教师教学效率”，观测点主要集中于“平均心率指数”“MVPA占比”“心率曲线”“练习密度”“心率预警”等。通过观测点与观测点的结合，观测点之间权重的转换从而对7个指标进行反映。根据正态分布理论，将测评体系中的得分分为三部分，高分组、低分组与中间组，高分组为得分≥（（X＋1.28s，低分组为得分≤（X＋1.28s，高分组与低分组采用独立样本t检验进行比较。两组之间具有统计学差异（$P < 0.05$），说明体系得分具有

良好的区分度。以上结果表明，本研究建立的两个层面体系对体育课进行测评具有较好的信度与效度，可以用该“单项体系”对体育课进行测评补充，需强调的是两个层面的分数不能直接相加，仅能作为教学效率和健康促进方面的参考。

表 4-22　测评体系客观可测指标及权重确定

一级指标	二级指标及权重		观测点及权重	
	编号	相对	功能名称	相对
A*1	B101 负荷强度适宜	18.44	平均心率指数	53.90
33.33			心率曲线达标率	16.38
			MVPA 占比	29.73
	B102 练习密度合理	18.44	练习密度	100.00
	B103 完成课程质量	34.88	平均心率指数	50.00
			练习密度	50.00
	B105 体能得以发展	18.44	平均心率指数	40.00
			练习密度	20.00
			MVPA 占比	40.00
	B106 课上积极投入	9.80	平均心率指数	66.67
			MVPA 占比	33.33
A*2	B201 充分利用时间	75.00	练习密度	46.58
66.67			MVPA 占比	27.71
			平均心率	16.11
			心率曲线达标率	9.60
	B213 全面照顾	25.00	平均心率	100.00

注：因各指标得分不宜直接相加所以没有计算绝对权重。

（三）验证结果

本研究构建的测评体系响应了国家加强学校体育测评工作的落实要求，纳入了新指标与客观指标有利于推进学校体育测评工作朝向客观化、公平化方向发展，同时为学生体育素养的测评工作方面起到了充实作用。该测评体系的构建能为改进体育课、实现学校体育目标提供更多参考和有力支持。

基于可穿戴设备的初中体育课测评体系包括“教师教学”与“学生学习”2个一级指标和19个二级指标，二级指标包含7个可穿戴设备功能可测指标，完全需要主观计分的指标有12项。该测评体系减轻了体育课测评的观察负担，虽未能实现对全部体育课评价指标的客观化测评覆盖，但也很大程度上降低了体育课测评中的主观性，并提高了体育课测评的即时性与便捷性。该测评体系中对部分指标的计分标准进行更加明确的划分，使测评指标得分界线更加明确，利于测评过程的实施。经验证，该测评体系适配良好，质量较好，该测评体系具有一定科学性与合理性。该测评体系具有过程性评价与诊断性评价的功能，教师可以通过可穿戴设备对体育课上学生的实时状况进行监控，可以在第一时间得到学生体育课上的相关信息。该体系不但能对体育课的质量进行测评，还能够为体育教师调控体育课起到较大的帮助作用。

体育课的测评结果与教师教学的关系更加紧密，教师对体育课测评结果影响最大，这与教师在课堂中的主导地位相一致。从二级指标看，在教师教学过程中“充分利用时间”，“内容安排合理”对于体育课来说尤其重要。要提高体育课的质量，教师需要重视体育课的时间利用，在教师职业技术培养方面也应突出这方面内容。学生学习方面，“完成课程质量”尤其重要，绝对权重仅次于教师教学中的“充分利用时间”，说明在体育课测评中学生自身表现也非常重要。在体育课中学生自身应积极主动，高质量完成课堂任务。

“学生学习”测评中“意志品质发展”与“课上积极投入”所占权重最低。体育课的功能与目标确实不应过于发散，培养学生意志与课上积极投入并不是体育课独有的功能，也不是体育课的主要功能[①]，这样的权重具有一定的合理性。教师教学中“课堂常规落实”与“教案质量”所占比重最低，虽然说这两项内容在体育课保障中也十分重要，尤其对于保障课程安全性与流畅性有重要作用，但对于体育课的质量方面的作用并不十分明显。这提示我们，体育课的组织与实践才是体育课的重要保障因素。学校体育管理方面也应注意对教师教案和课堂常规方面考查的比重问题。另外测评体系“教师教学”中“全面照顾”占比最低，教师在教学过程中对每个学生进行精准指导实际上存在很大的难度，而且授课单元内的人数也会对该指标得分存在影响，可能是因此造成了该指标在测评体系中的占比最低。

① 唐炎，宋会君，刘昕，等．对我国学校体育功能研究的反思［J］．北京体育大学学报，2004，08）：1102-1104.

第五章

体系应用与推广

第一节　测评体系应用

以本研究构建的测评体系为基础，对上海市初中体育课的数据进行了测评应用，从提供有关部门的决策咨询、助力体育课和学校体育工作、改进学生体质健康、加强地域交流等方面进行应用与分析。

一、测评体育课

以本研究构建的测评体系对上海市初中体育课进行评分（表 5-1），首先计算每个学生各个指标的得分，再计算各个班的各项指标得分，最后得出所有班级的各个指标平均得分。总分平均分为 69.1 分，总体表现尚可。其中“学生学习”得分 20.7（62.0×1/3）分，“教师教学”得分情况 48.4（72.6×2/3）分。百分制下“教学教学”得分为 72.6，高于“学生学习”得分 62.0。从百分制得分看，“教师教学”分数较高，“教师教学”得分最低分数与最高分数相对学生得分均较高，“教师教学”得分相对稳定且表现较好，“学生学习”得分则相反，得分较低且相较波动较大。一定程度上说明，教师在体育课上较认真负责，表现普遍较好而且稳定，也可以说教师的基本职业素养普遍较高，都能够达到保证体育课的基本要求，而学生在课堂上的表现则稍微欠缺。导致这样的结果可能存在两种原因，一种是教师过于关注自身表现而忽略学生表现，另一种是教师引导学生，但学生不愿意响应。具体到底为何需在下文分解各个指标进行解读。

表 5-1　总体得分与一级指标得分情况

一级指标得分	平均值	标准差
学生学习	62.0	19.1
教师教学	72.6	22.3
总得分	69.1	16.9

按本研究构建的测评体系对上海市初中体育课进行测评二级指标分析，对“学生学习”指标下的各项指标得分进行分析（表 5-2）。“技能得以发展”“运动知识掌握”“意志品质发展”“练习密度合理”四项得分较高。需注意的是除“练习密度合理”外，其他三项内容是以纯主观测评方法测得。主观法测评的指

标得分明显较高，而且最低得分也较高。根据此结果可以看出，上海市初中体育课学生在知识技能掌握方面和意志品质发展等软指标方面表现较好。但在“体能得以发展”“负荷强度适宜”与“完成课程质量”“课上积极投入”指标方面则相对欠缺。从指标字面含义看，课上积极性不足可能是导致其余三项指标得分较低的原因之一，很可能是因为学生体育课上积极性不足才导致课程完成质量不高、负荷强度不适宜和体能得不到发展。体育课诸多目标的实现，不仅需要教师的合理安排，同时也需要学生的积极配合。从指标解释看，这四项内容均是与学生身体活动密切相关的指标，这样的结果同时表明了当前体育课上学生身体活动不足。身体活动不足直接导致了多项指标得分较低，这样的结果也间接说明了该体系对身体活动的重视，符合了当前国际上对于体育课要求的趋势。体育课上学生的身体活动的情况直接关系到学生身体健康的改善与提高，甚至对其知识与技能的学习也存在一定的影响①，因此如何提高学生“课上积极性”等与身体活动量和强度指标相关的指标，依旧是我国初中体育课待解决的问题。从体育课得分较高的指标来看，学生在体育课上的技能和知识的学习得分方面较高，说明当前初中体育课对于学生技能和知识的传授方面重视程度较高，对于体育课知识与技能学习目标的把握比较到位。体育教师可以在今后的教学过程中适当增加知识与技能内容传授，重视学生身体活动方面内容。

表 5–2　学生学习得分情况

一级指标	二级指标	平均值	标准差
学生学习	负荷强度适宜	57.2	31.9
	完成课程质量	57.2	14.2
	体能得以发展	55.9	19.1
	课上积极投入	54.7	23.8
	练习密度合理	60.1	32.7
	技能得以发展	67.3	25.6
	运动知识掌握	75.8	22.1
	意志品质发展	79.6	21.2

从测评手段角度看，以可穿戴设备测评的指标得分明显比以主观法测评的得分要低，尤其在最小值方面，测评过程中，可穿戴设备测得的指标中多次出现了 0 分的情况，而主观法却没有 0 分的情况。专家以主观法在计分的过程中很可能存在“包容”计分的情况，即便是对此指标感到不满意，仍然会给予一定的“辛

① 唐炎，刘昕．学校体育学［M］．北京：高等教育出版社，2020：170.

苦分”，这也是主观测评方法的缺点之一，计分者容易受到一些外在观念的影响，这也凸显了客观测评方法的优点和价值。

“教师教学”方面（表 5–3），各个指标的得分均较高，得分最高的是“仪表教态”，教师在体育课上的形象较好与着装较规范，能够为学生做出表率。得分最低的是“全面照顾”，体育教师要在体育课上完全把控所有学生的情况目前仍存在困难。另外，“全面照顾”得分比较低，也可能与班级人数较多有关，在测评过程中发现初中体育课每个班级的学生人数一般都在 30 人以上，课堂情况相对复杂，课上情况多变，对于教师来说，要想照顾好每一个体育课上的学生，教师教学的组织安排方面压力比较大，因此，在实际操作中要完全做到和做好对每一位学生的“全面照顾”确实存在一定的难度。中小学体育课分班分组教学能够很大程度上缓解班级人数较多的问题，应继续推进。另外，“充分利用时间”指标得分也较低，教师在对体育课上时间的利用效率不高。课堂时间有限，若时间利用不充分很有可能对其他指标产生影响，时间利用不足很可能是导致学生学习表现较差的另一个原因。“课堂常规落实”“器材设备准备”“教案质量”“教学原则运用”等主观指标得分也较高。由该结果可见，教师在体育课上对于教学流程与组织实施等硬性的规定比较重视，教师教学的基本功普遍比较扎实。体育教师对体育课过程中“一成不变”的常规工作实施和落实比较到位。从这个角度可以看出，目前学校教师教学对教学的流程都十分熟悉，各项“套路”性内容落实较好。也能反映出学校对于常规制度落实以及教学培训工作比较到位。“讲解示范到位”平均得分也不高，最低得分为 40 分，体育课上教师的讲解与示范对于学生的学习来说至关重要，规范的用语能让学生更准确的理解运动知识，同时让教师避免讲解错误，正确的示范对于学生理解动作学习动作非常关键，学生头脑中不能形成正确的动作认知，就很难正确的掌握动作，教师应该更加重视这方面的工作。目前很多学校体育教师的现状是被要求“一专多能”，实际上体育教师很难掌握自己专项能力外的项目，但现实情况中经常有排球专项的教师教授铅球，足球专项的教师教授羽毛球的情况。从此角度看，目前体育教师师资仍然存在缺口，每个项目配备相应专项的教师仍存在困难，需要社会和各个教育机构的共同努力，一方面加强教师培养，提供充足师资，另一方面教育机构应紧抓教学培训，让体育教师更合理的兼项与跨项，让老师们在跨项指导的时候更加深入地了解需要跨项的项目，规范指导语言并减少或避免示范与讲解中的错误。

表 5-3 初中体育课教师教学得分情况

一级指标	二级指标	平均值	标准差
教师教学	充分利用时间	58.8	12.9
	保护帮助到位	62.3	23.3
	教学目标突出	66.3	15.4
	示范讲解到位	71.5	16.8
	教学原则运用	82.7	21.2
	器材设备准备	88.9	13.6
	教学步骤清楚	87.4	17.5
	课堂常规落实	89.7	10.4
	仪表教态	92.3	7.7
	全面照顾	53.6	16.2
	教案质量	87.5	9.1

从主观客观指标角度来看，客观指标得分依然偏低。“充分利用时间”也与学生的身体活动量与强度相关，前文中已经提到，初中体育课仍然存在学生身体活动不足的情况，所以在此处，“充分利用时间”指标得分较低与前文结论是相一致的。“保护帮助到位”得分也较低，猜测其原因可能与“全面照顾”类似，班级人数较多，教师难以兼顾。从各类主客观指标最低与最高得分看，可穿戴设备可测指标的最低得分明显低于主观测评指标，这个问题在“学生学习”部分同样存在。一方面因为许多客观法计分指标的划分标准是通过统计学方式进行的，分值之间的界限比较清楚，另一方面可穿戴设备在测评时没有人文道德方面的负担，只是根据设定计算分数，而主观计分的部分钟专家几乎不会计 0 分，最少也会给予 20 分，再次证明了客观测量法的先进性。不管是新授课还是复习课，不管是哪种内容的体育课，让学生得到一定的锻炼获取一定的健康促进效果是必然要求，若此项目标没有达成，体育课就丧失了自身的一个重要的价值，不能因为是新授课或者技巧课就降低了这方面的要求。

结合一级指标得分中“教师教学”得分较高的事实，教师在教学方面实际上已基本达到要求，而学生学习方面却出现的分较低的情况，两者看似矛盾，实则有一定缘由。当前社会普遍存在重文轻武的思想观念，不管学生还是学校未必对体育课或其他体育工作抱有充分的尊重态度，而且学校体育一直面临“说起来重要”“做起来次要”“忙起来不要”的窘境，很容易加深“体育课”不重要无所谓的看法，从而导致学生对于体育课的学习动力不足的情况[①]。在此背景下，即

① 唐炎，虞重干．结构与生成机制：一种关于体育教学社会功能的探究［J］．体育科学，2009，29（06）：85-89.

便体育教师在体育课上是除浑身解数“竭力卖弄”，仍难以改变社会、家长以及学生的观念，很难让学生重视体育课或对上体育课保持足够的积极性，因此造成了教师积极学生消极的现象。另外，历来体育课的测评方式也可能对此也有所影响，历来体育课评价都偏重于对教师的评价，对学生几无要求，教师习惯于严格要求自己，而学生则习惯于自由与放松。而且，当今教师在体育课上缺少主动权，体育教手中没有“教鞭”，只能逐渐引导学生从事中高强度身体活动，不能强迫学生挑战中高强度身体活动的“不适感”。因为身体活动强度挑战本身就带有一定的“艰苦性”，仅仅依靠引导而完全不予以指令性质的敦促恐难有理想效果。在此背景下，体育教师往往很难找到更加有力的刺激手段来使学生参与运动或其他身体活动，造成体育课上学生表现乏力的局面。

从可穿戴设备测评的各个原始指标看，初中体育课上学生的“心率指数”“MVPA 占比”“心率指数达标率”得分较低，可侧面反映出我国初中体育课上学生的生理负荷强度还待提高。“心率曲线达标比例”和“心率预警次数”得分较高，一定程度上意味着学生在体育课上的身体活动强度变化曲线是合理的，学生也能够承受体育课的强度，但也同时反映了学生体育课上的活动强度还有提升空间。另外，“心率曲线”的识别是以主观法和客观法结合的方式进行，这也可能是该项目得分偏高的原因。“心率预警次数”是首次应用于体育课的评价中，对心率预警换算计分方面还有诸多不足，此项得分用于体育课测评的参考为最佳（表 5–4）。

表 5–4 可穿戴设备测评指标得分情况

项目	平均值	标准差
平均心率指数	54.3	14.3
心率指数达标比例（%）	53.6	19.8
练习密度	60.1	7.5
MVPA 占比（%）	55.4	10.5
心率曲线达标率（%）	70.3	13.6
心率预警次数	73.4	16.1

二、测评结果

结合对初中体育课测评体系的结果看来，“教师教学”普遍得分较高，“学生学习”在测评体系中的得分较低，也是拉低体育课测评总得分的主因。初中生在体育课上主要存在“负荷强度”不足，“完成课程质量”不高，“练习密度”不高的现象，而教师在体育课中会出现“全面照顾”不周，不能“充分利用时间”的情况。

主观法测评的指标得分相对客观测量的指标得分较高，主观法计分指标得分最低分几乎没有 0 分的情况，而客观法则完全不同，有多项指标最低分出现了 0 分，这体现了客观测量法的特点与优势，也侧面说明了本研究构建的测评体系具有一定的价值。

“教师教学”中反映教师常规性工作的指标得分较高，“教案质量”“课堂常规”得分均较高，体育教师在“一成不变”的教学环节表现出了较高的职业水准，教师恪守规则、遵守纪律方面表现较好，但这些方面虽然是体育课的保障条件却不是主要条件，体育教师也应更加注重课堂实际操作部分。

在教师表现尚可的情况下，学生仍没有令人满意的表现，想要保障体育课质量，不单需要教师的努力，还需要学生乃至家长的配合。教师虽具备较高的职业基本素养，但也存在难以转化效果的问题，究其原因可能与“充分利用时间”有关。

三、问题

本研究在数据采集时使用的是信效度得到广泛认可的可穿戴设备，Polar Pro Team^2 心率带与 ActiGraph GT3X+ 加速度计。经过一系列测试应用后，发现测评数据采集过程存在心率设备佩戴与使用过于复杂、总体设备造价过于高昂的问题。第一，心率设备佩戴繁琐。每个测量组有 3 ～ 4 名人员，在 10min 的课间内仅能完成约 5 ～ 7 名学生设备的佩戴和调试。加速度计佩戴相对方便快捷。第二，心率计佩戴引起部分学生不适。心率带要佩戴在学生的胸口，需要以酒精棉擦拭带子以确保带子与皮肤的完全接触，在天气寒冷学生衣物较多时，会有学生出现不适与抗拒的情况。第三，多次出现心率带脱落的情况。尤其是在篮球与排球课上，学生胸部佩戴的心率计出现脱落的情况最多，加速度计脱落情况较少，可能是佩戴位置不同造成的，这是测评过程需要改进的问题。第四，设备仪器造价过高。本研究采用的可穿戴设备造价很高，很多学校不愿承担这样的成本，造成测评体系推广障碍。

第二节　测评体系优化

基于可穿戴设备的初中体育课测评体系构建完成后进行了实际测评应用，测评所用仪器均为科研级别设备，设备精度高，测评结果具有权威性，但存在造价高昂、佩戴复杂的问题，尤其是心率带的问题较多，不利于测评体系的推广与应用。在本研究构建的测评体系中含有大量的生理学指标，这些指标很多都可以通过心率的计算得来。基于心率的数据可以（转换）得到 MVPA 占比、能量消耗、练习密度、心率曲线、心率预警等信息，比较吻合本研究构建的体育课测评指标需求，可以说心率是很多身体活动信息结果的数据来源基础，是一种用途较多的检查指标，对于体育课质量的测评十分重要，若心率准确理论上其他经过转换的指标也能保证准确性。所以本研究寻求一种成本更低、佩戴更加舒适方便的心率设备来降低测评成本、优化测评工具、简化测评程序、提高测评体系的可推广性。本研究根据实际测评经验总结了用于替代的可穿戴设备需具备的特点：测量精确、佩戴方便、成本较低并且最好为国产设备，一方面适合亚洲人群，另一方面数据安全方面保障性更高。

近年来，可穿戴设备中的腕戴式（佩戴在手腕）心率设备越来越受到人们的关注[①,②,③]，尤其是民用智能手环在体育与健身爱好者中受到了普遍欢迎与推广。手环佩戴和使用相较其他设备更加方便，而且造型也更具多样性，受到了众多人群的青睐[④]。那么是否可以使用这种市面上常见的普及型民用智能手环替代原有设备呢？如果民用设备能够准确测量体育课上学生心率，对于本研究构建的测评体系推广与普及将具有重要积极意义。但相关研究表示，普及型民用设备信

① NELSON BW，ALLEN NB. Accuracy of Consumer Wearable Heart Rate Measurement During an Ecologically Valid 24-Hour Period：Intraindividual Validation Study［J］. JMIR Mhealth Uhealth，2019，7（3）：e10828.

② FALTER M，BUDTS W，GOETSCHALCKX K，et al. Accuracy of Apple Watch Measurements for Heart Rate and Energy Expenditure in Patients with Cardiovascular Disease：Cross-Sectional Study［J］. JMIR Mhealth Uhealth，2019，7（3）：e11889.

③ CRUZ J，BROOKS D，MARQUES A. Impact of feedback on physical activity levels of individuals with chronic obstructive pulmonary disease during pulmonary rehabilitation：A feasibility study［J］. Chronic Respiratory Disease，2014，11（4）：191-198.

④ MURAKAMI H，KAWAKAMI R，NAKAE S，et al. Accuracy of 12 Wearable Devices for Estimating Physical Activity Energy Expenditure Using a Metabolic Chamber and the Doubly Labeled Water Method：Validation Study［J］. Jmir Mhealth and Uhealth，2019，7（8）：e13938.

效度在不同条件下的表现并不稳定[①,②]。学生在体育课上的身体活动较复杂，想要使用手环对学生体育课上的心率进行监控的难度更高，因此在手环应用之前需要进行必要的信效度检验。基于此目的，本研究选择了一款民用智能手环并对其进行了信效度方面的验证与应用，旨在降低测评体系成本、提升便捷性与被测试者的舒适性，以此来促进测评体系的可推广性与普及性（图 5-1）。

图 5-1　手环实物

一、商业设备信效度验证

本研究选择的普及型民用设备是一款完全国产并具有自主知识产权的民用可穿戴智能手环（以下简称手环），本研究对手环在实验室与体育课心率监控的信效度进行了验证，对其能否作为体育课测评的替代设备进行了信效度与可行性方面的调查。该手环属于光学体积描记法的腕带式心率设备，该手环的设计与算法开发等均属我国，是国内少有的具有自主知识产权的设备，数据安全方面相较有保障，手环使用对象为亚洲人群，是一款针对体育课监控而设计的可穿戴设备，而且造价较低，符合本研究选用工具的要求。

具体流程如图 5-1 所示。研究 1，提前告知学生来实验之前穿舒适的运动服和鞋子。测试前每个学生的左右手腕上各戴 1 个手环，佩戴方式与手表类似。同时在研究人员的帮助下，佩戴 Polar 在胸前作为校标。有 2 名研究成员协助参

① DEYARMIN KN，SNYDER KM，MIHALIK AG，et al. Accuracy of Wrist and Hip-worn Commercial Physical Activity Monitors in Free Living Conditions［J］. Medicine & Science in Sports & Exercise，2016，48（5 Suppl 1）：781.

② CROUTER SE，CLOWERS KG，JR BD. A novel method for using accelerometer data to predict energy expenditure［J］. Journal of Applied Physiology，2006，100（4）：1324.

与者佩戴，确保各个设备都佩戴牢固避免出现漏光或移动的情况[①]。本研究选择了 6km/h 和 12 km/h 的跑步速度来对应中等强度与高强度身体活动。将左手腕手环的心率信息与右手腕手环的心率信息进行比较以测评其信度，并将左 / 右手环与 Polar 进行比较以检验其效度。测试前，参与者自由选择速度在跑步机上跑步 3min 进行热身和适应环境。参与者在跑步机上以 6km/h（中等强度）的速度和 12 km/h（剧烈强度）的速度分别跑步 12min 和 5min。在两个阶段之间，静止站立休息 2min[②]。测试期间跑步机支撑面与地面夹角为 0°，全部测试时间总长 22min。如果参与者在测试过程中感到不舒服，可随时停止，实际上参与者们全部都顺利完成了全部测试。从跑步开始记录心率，跑步停止则停止记录，心率采集频率为每秒记录 1 次心率。

研究 2，研究团队到选定的 10 所学校记录了 10 节体育课的学生心率，总共获取了 28 名学生的心率数据。在上体育课之前，研究团队成员协助学生在手腕上佩戴手环（根据自己的喜好 – 所有学生都选择右手），并协助学生配戴 Polar。测试的开始和结束时间取决于老师的口令。当老师说发布开始上课的指令时，则开始记录心率，并在老师说或课程结束时停止，所有的体育课都均在室外完成。

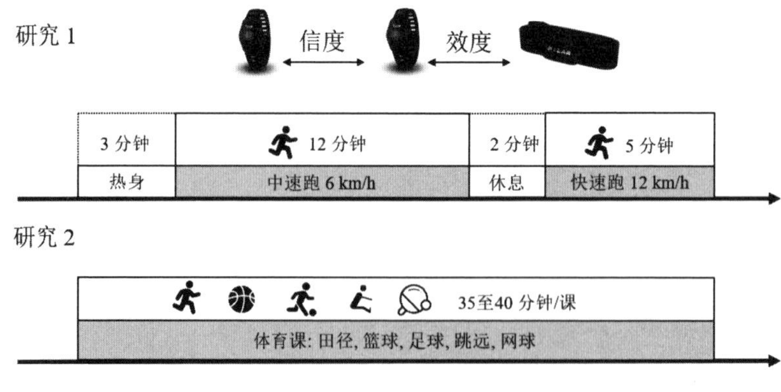

图 5-1　测试流程示意

① WANG R，BLACKBURN G，DESAI M，et al. Accuracy of Wrist-Worn Heart Rate Monitors ［J］. Jama Cardiology，2017，2（1）：104-106.

② PINA IL，BALADY GJ，HANSON P，et al. Guidelines for clinical exercise testing laboratories. A statement for healthcare professionals from the Committee on Exercise and Cardiac Rehabilitation，American Heart Association［J］. Circulation，1995，91（3）：912-921.

根据 Lee J-E 和 Cruz 的研究[①,②]，腕戴式可穿戴设备的可行性在很大程度上取决于准确性，可接受性，适用性和实用性。因此本研究制定了问卷并邀请学生及其老师完成调查。问卷内容包括三个问题：舒适性，适用性和帮助性。我们还记录了学生在体育课上是否有摘除手环的情况。

参照李克特五点式量表，本研究将舒适度指标的范围分为五级，对应从“非常舒适”到“非常不舒服”的等级，应用难度和佩戴及摘除难度也从“非常容易”到“非常困难”五个等级。最后一个问题是询问体育老师，使用手环对体育课进行监控“是 / 否”对教师有帮助。此外，我们邀请老师阐述了手环对体育课有哪些帮助（或对体育课没有帮助），并希望他们提供一些建议（非强制性）。最终所有参与测试的老师（10 名）和学生（28 名）都接受了邀请。

使用 IBM SPSS 22.0 版本统计软件（IBM，Armonk，NY，USA）分析了从手环和 Polar 获得的数据。线性统计的统计意义和假设界限值设定为 $P \leqslant 0.05$。在进行统计分析之前，已对所有数据进行了缺失值检验。如果缺失的数据数量小于 10%，则保留数据，反之则删除数据。在研究 1 中，没有出现丢失数据，因此保留了所有数据。在研究 2 中的体育课上，由于 4 名学生的 Polar 出现了脱落的情况，丢失的心率数据超过了 10%，因此删除处理。为了保持结果的真实性，我们没有对异常值进行处理。运用组内相关系数（Inral correlation coefficient，ICC）将左手的手环与右手的手环进行比较来确定信度[③]，ICC 的值表示一致性程度。

信度通过 ICC 和 95% 置信区间（confidence interval，CI）来确定。$ICC \geqslant 0.9$ 认为是信度优秀，$0.90 > ICC \geqslant 0.75$ 认为是良好，$0.75 > ICC \geqslant 0.60$ 认为是中等，$0.60 > ICC$ 认为是差[④]。理论上，ICC 的值均为正[⑤]，

---

① ［3］ LEE JE，LEE DH，OH TJ，et al. Clinical Feasibility of Monitoring Resting Heart Rate Using a Wearable Activity Tracker in Patients with Thyrotoxicosis：Prospective Longitudinal Observational Study ［J］. JMIR Mhealth Uhealth，2018，6（7）：e159.

② CRUZ J，BROOKS D，MARQUES A. Impact of feedback on physical activity levels of individuals with chronic obstructive pulmonary disease during pulmonary rehabilitation：A feasibility study ［J］. Chronic Respiratory Disease，2014，11（4）：191-198.

③ MCGRAW KO，WONG SP. Forming Inferences about Some Intraclass Correlation Coefficients ［J］. Psychological Methods，1996，1（4）：390.

④ FALTER M，BUDTS W，GOETSCHALCKX K，et al. Accuracy of Apple Watch Measurements for Heart Rate and Energy Expenditure in Patients with Cardiovascular Disease：Cross-Sectional Study ［J］. JMIR Mhealth Uhealth，2019，7（3）：e11889.

⑤ GIRAUDEAU B. Negative values of the intraclass correlation coefficient are not theoretically possible ［J］. Journal of Clinical Epidemiology，1996，49（10）：1205.

如有其他值均视为零①。此外，左手腕手环和右手腕手环之间的差别同时也用平均差（mean difference，MD）和标准误差均值（standard error mean difference，SEM）体现4。误差程度通过 mean different，MD（standard error mean，SEM）值来表示，值越大表示误差越大②。

为了确定效度，在研究 1 或研究 2 中，也参考使用了 ICC 额 95%CI 双向混合效应模型，以计算 Polar 和手环装置之间的相对一致性③。此外，平均百分比误差绝对值（mean absolutely percent error，MAPE）MAPE=|（手环 -Polar）/Polar|×100% 用于评估标准设备与手环之间的误差程度。根据以前的一些研究④，MAPE ≤ 10% 可以认为是效度良好，而 MAPE ＞ 10% 则认为是较差。最后，由 Bland-Altman 和 Polar 和手环之间在整个心率数据范围内的 95% 限制性区间（Limits of Agreement，LOA）进行了检查（水平范围越窄越好）；以上方法也经常被用来估计医疗设备的效度，属于广泛认可的方法⑤。

为了确定手环的可行性，统计了“非常舒适”和“舒适”“非常简单”和“简单”，“是”的数量和百分比。认为“非常舒适”“舒适”“非常容易”“简单”和“是”的百分比大于等于 90%，说明结果较好。记录摘除 Fizz 的学生的数量和百分比，结果小于等于 10% 则表示情况较好。此外还分析了教师们对手环的看法。

研究 1 记录了 11 名参与者的信息。每个参与者在不同的日期接受了两次测试，测试之间间隔 1 周。最后，我们获取了 22 个心率数据（10 位男性和 12 位女性）。因为在体育课上的 Polar 胸带出现脱落，研究 2 删除了 4 名学生的数据，最终在研究 2 中获取了 24 名学生的数据。

如表 5-5 所示，以 ICC，MD（SEM）和 MAPE（SD）的结果表示在实验室的跑步机上时手环间的信度。右手腕手环的心率数据与左手腕手环的非常接近。在两种不同的跑步速度下，设备的信度表现都非常优秀。在两种跑速下，

① FOKKEMA T，KOOIMAN TJM，KRIJNEN WP，et al. Reliability and Validity of Ten Consumer Activity Trackers Depend on Walking Speed［J］. Medicine & Science in Sports & Exercise，2017，49（4）：793-800.

② MAZOTERAS PARDO V，LOSA IGLESIAS ME，LóPEZ CHICHARRO J，et al. The QardioArm App in the Assessment of Blood Pressure and Heart Rate: Reliability and Validity Study［J］. JMIR Mhealth Uhealth，2017，5(12)：e198.

③ GORNY AW，LIEW S J，TAN CS，et al. Fitbit Charge HR Wireless Heart Rate Monitor：Validation Study Conducted Under Free-Living Conditions［J］. JMIR Mhealth Uhealth，2017，5（10）：e157.

④ YURI F，GARNER HR，BASSETT DR. Evaluation of ActiGraph’s low-frequency filter in laboratory and free-living environments［J］. Medicine & Science in Sports & Exercise，2015，47（1）：211.

⑤ ZAKI R，BULGIBA A，ISMAIL R，et al. Statistical Methods Used to Test for Agreement of Medical Instruments Measuring Continuous Variables in Method Comparison Studies：A Systematic Review［J］. Plos One，2012，7（5）：e37908.

ICC=0.99（95%CI：0.99，0.99），MD（SEM）=0.05（0.03），MAPE=1.43%（1.67）。以 6 km / h 的速度奔跑时，右手腕手环和左手腕手环之间的信度：ICC=0.98（95%CI：0.98，0.98），MD（SEM）=0.42（0.03），MAPE（SD）=1.42%（1.64）。在 12 km / h 的奔跑速度下：ICC=0.99，（95%CI：0.99，0.99），MD（SEM）=–0.66（0.056），MAPE=1.44%（1.72）。MD（SEM）在 6 km/h 速度下表现略好于 12 km/h，右手腕手环的心率数据在 6 km/h 时略好于左手腕手环，在 12 km/h 速度时则相反。总体而言，左手手环和右手手环之间的信度达到了很高的水平（ICC=0.99，MD ＜ 0.7，MAPE ＜ 2%）。

表 5–5　左右手手环的测试结果

项目	6 km/h	12 km/h	合计
ICC（95% CI）	0.978（0.977，0.979）	0.988（0.988，0.990）	0.990（0.990，0.991）
MD（SEM）	0.42（0.03）	–0.66（0.06）	0.05（0.03）
MAPE（SD）（%）	1.42（1.64）	1.44（1.72）	1.43（1.67）

注：ICC：组内相关系数（intraclass correlation coefficient）；CI：置信区间（confidence interval）；MD：误差平均值（mean differences（右手 – 左手））；SEM：标准误差（standard error of measurement）；MAPE：误差率绝对值（mean absolute percentage errors）；SD：标准差（standard deviation）。

效度结果表明（表 5–6），左手腕手环和右手腕手环的平均心率数据与 Polar 的数据非常相似。左手腕手环心率数据（ICC=0.99，95%CI：0.99，0.99）和右手腕手环心率数据（ICC=0.99，95%CI：0.99，0.99）与 Polar 的心率数据一致性较高。此外，MAPE（SD）都很小：左手腕手环 =1.62%（1.65），右手腕手环 =1.82%（2.02）。右手腕手环和左手腕手环的总体效度水平在实验室中表现都非常出色。通过 Bland–Aleman 图展示了手环和 Polar 测量的心率数据之间的平均差和一致性（图 5–2）。总体而言，在两种速度下，左手腕手环的平均误差为 0.64 bpm（较低的 LOA 至较高的 LOA：–5.18 至 6.45 bpm），MAPE（SD）为 1.62%（1.65）。右手腕手环的平均误差为 0.69 bpm（LOA：–5.96 ～ 7.24 bpm），MAPE（SD）为 1.82%（2.02）。随着速度的增加，平均误差略有变化，但 95%LOA 范围随着速度增长而稍微变大。在以 6 km/h 的速度跑步时，左手腕手环 95%LOA：0.78 bpm（LOA：–3.95 ～ 5.52 bpm）和右手腕手环 95%LOA：1.20 bpm（LOA：–4.36 to–6.76 bpm），以 12km/h 跑步时，左手腕手环 95%LOA：0.34 bpm（LOA：–7.15 ～ 7.83 bpm）和右手手环 95%LOA：–0.32bpm（LOA：–8.13 至 7.48 bpm）。LOA 范围在 12km/h 时，大于 6km/h，但变化幅度很小。

表 5-6　实验室内手环的效度情况

项目	6 km/h	12 km/h	合计
Polar，均值（SD）	125.9（13.8）	158.5（26.1）	136.8（24.3）
左，均值（SD）	126.7（13.3）	158.8（27.0）	137.4（24.3）
右，均值（SD）	127.1（13.3）	158.1（27.1）	137.4（24.1）
左，ICC（95%CI）	0.984（0.984，0.985）	0.990（0.989，0.990）	0.993（0.992，0.993）
右，ICC（95%CI）	0.978（0.977，0.979）	0.989（0.988，0.989）	0.990（0.990，0.991）
左，LOA（lower，upper）	0.78（-3.95，5.52）	0.34（-7.15，7.83）	0.64（-5.18，6.45）
右，LOA（lower，upper）	1.20（-4.36，6.67）	-0.32（-8.13，7.48）	0.69（-5.96，7.24）
左，MAPE（SD）（%）	1.56（1.52）	1.74（1.88）	1.62（1.65）
右，MAPE（SD）（%）	1.80（2.05）	1.85（1.95）	1.82（2.02）

在以 12km/h 的速度跑步时，手环倾向于低估心率，但从在整体看来，左右手腕的手环是倾向于轻微地高估。

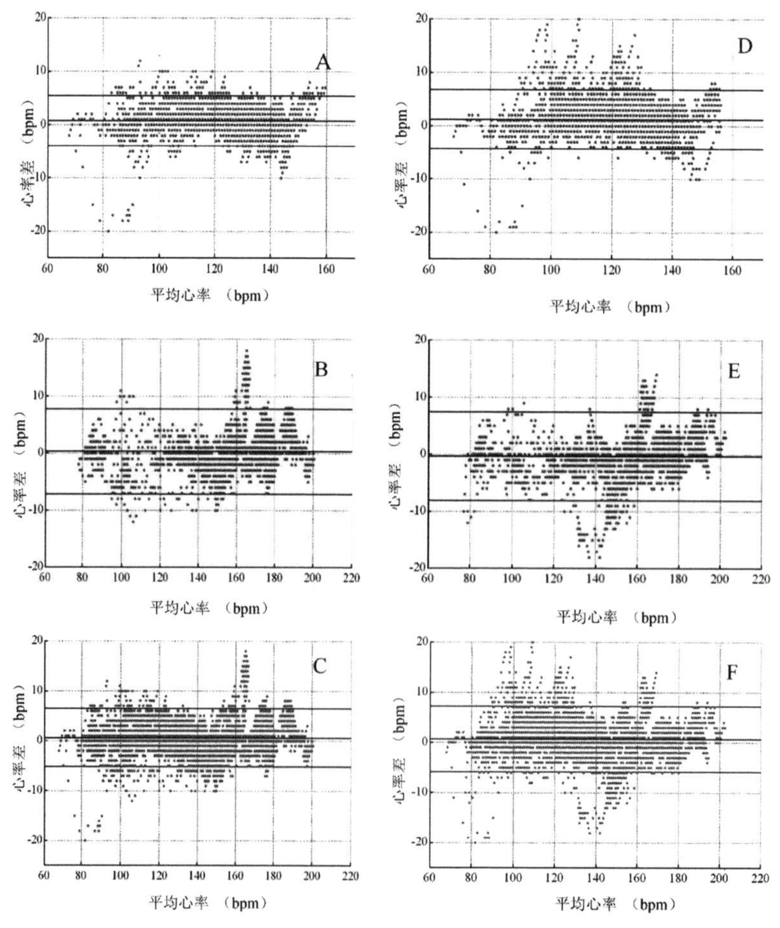

图 5-2　手环在不同跑速下的 Bland-Altman 图

注：A、B 和 C 左手佩戴的手环分别以 6 km/h，12 km/h 奔跑与 6+12km/h 奔跑。D、E 和 F 是右手佩戴手环分别以 6 km/h，12 km/h 奔跑与 6+12km/h 奔跑。

研究 2 主要检验了手环在体育课上的效度，体育课的内容包含了跑步，篮球，足球，跳远和网球。如表 5-7 所示，手环测得的心率平均值（SD）与 Polar 非常接近，手环为 137.6（26.8）bpm，Polar 为 140.2（24.7）bpm。Bland-Altman 显示，手环的平均误差为 −2.60 bpm，95%LOA：−38.89 ～ −33.69 bpm。ICC 为 0.742，比实验室的结果稍差。MAPE（SD）为 8.89%（11.04），比实验室的误差高，实验室内 MAPE 为 1.82%。手环在体育课上的效度比在实验室内的效度表现略差。

表 5-7　体育课上手环的效度情况

项目	结果
Polar，均值（SD）	140.2（24.7）
手环，均值（SD）	137.6（26.8）
手环 vs Polar，ICC（95%CI）	0.742（0.739，0.746）
手环 vs Polar，LOA（lower，upper）	−2.60（−38.89，33.69）
手环 vs Polar，MAPE（SD）（%）	8.89（11.04）

体育课上，Bland-Altman 图 LOA 的区域宽度要比在实验室中的宽，结果如图 5-3 所示，实验室内的 LOA 区域宽度最小，在体育课中 ICC 为 0.748 低于实验室中的表现，MAPE 也略逊于实验室内的表现，手环在体育课的表现总体来说比在实验室中的表现稍微差一点，但也达到了统计学对效度值的要求，而且很接近良好等级。

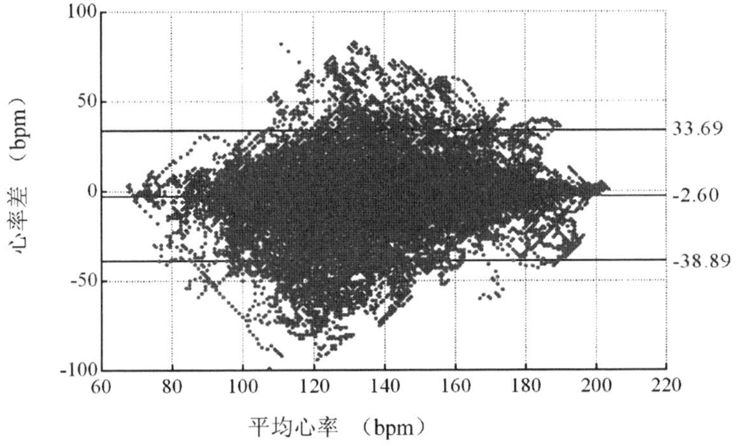

图 5-3　手环在体育课上的 Bland-Altman 图

可行性的调查结果呈现出了高度一致性（表 5-8）。所有学生都选择佩戴方式“非常轻松”，71% 的学生选择佩戴感觉“非常舒适”，29% 的学生选择“舒适”；没有人选择“一般”，“不舒适”或“非常不舒适”选项。可见学生们普遍认为手环的佩戴舒适度很高；没有学生感到不舒服。所有学生都选择了佩戴和摘除设备“非常容易”，这意味着手环对于学生来说便于穿戴和摘除，并且很容易在体育课佩戴及使用。所有的老师都认为手环对进行体育课“有帮助”；教师们普遍认为手环具有实用价值，对于体育课很有用。教师们认为手环帮助他们更方便地了解学生在体育课上的身体活动水平，并帮助他们更合理地组织与安排课程上的内容与进度。他们还认为手环非常适合测评体育课。所有的老师都对将来在体育课上使用手环感兴趣。在体育课上，没有学生试图摘除手环，所有的学生都没有表现出对手环的排斥现象。这样的结果说明，手环在对测评体育课来说可行性高。

表 5-8　手环可行性调查情况

	学生（n=28）	教师（n=10）
舒适，n（%）		
非常舒适	20（71）	
舒适	8（29）	
一般	0	
不舒服	0	
很不舒服	0	
佩戴与摘除，n（%）		
非常容易	28（100）	
容易	0	
一般	0	
难	0	
非常难	0	
用处，n（%）		
有用		10（100）
无用		0

本研究总体结果表明，手环的信效度在监控实验室中的跑步运动时表现极佳。手环在体育课中的效度略低于实验室跑步的监控，但也达到了中等水平。手环用于体育课监控与测评的可行性非常高。一些研究表明，腕带式可穿戴设备的

信效度可能会存在优势手与非优势手的差别和影响[①,②]。但是在实验室研究中，我们发现手环的信效度并没有收到佩戴手的影响。本研究测得的左手腕手环和右手腕手环的心率与 Polar 的心率极其相似，而且手环的信效度几乎不受跑步速度 / 强度的影响，当速度 / 强度提高时，手环依然保持了高性能。这一发现与先前的研究结果并不相同，之前有研究发现，随着跑步或慢跑强度的增加，设备的效度会变差[③]。在实验室研究中，Polar 和手环测得心率数据之间的一致性更高，这可能与实验室环境更严格，更稳定。而且在跑步机上跑步时，左手和右手的动作相似，双手只是有摆动动作，并不受外力的影响，这可能是另一个原因[④]。

在研究 2 中（在体育课中），与实验室环境下的检验结果相比，手环的效度有所降低，但仍显示出中等有效性 / 准确性（ICC=0.742；平均误差：−2.60 bpm，LOA：−38.89 至 33.69；MAPE=8.89%）。ICC 非常接近良好水平（0.75），增加样本量可能会影响此结果。体育课中的 MAPE 和 LOA 的范围比实验室中的大，手环倾向于低估体育课中的心率。手环易于使用，对学生来说比较舒适，对体育课的老师也有帮助作用，老师们都有兴趣在将来在体育课上使用它。这证明了使用手环的可行性。根据手环在研究 1 和 2 之间的不同表现，手环的有效性可能不受身体活动强度（运行速度）的影响，但可能受性别，环境和身体活动类型的影响[2]。在体育课中，学生佩戴手环的手经常受到外力冲击的作用，例如打篮球运球时，球会对佩戴者的手部造成一定的冲击力。这些情况可能导致设备与皮肤之间产生空隙和漏光，从而导致测量误差。另外，汗水也有可能进入设备和皮肤之间的空隙，从而导致误差。与研究 1 相比，研究 2 不仅运动类型发生了变化，运动环境也发生了变化，这也可能是导致设备信度降低的另一个原因。在实验室中，环境光相对稳定，但在体育课中，光线总是在变化，光线的变化对光感式心率设备的影响是较大的。手环使用光学传感器来测量心率，因此它对光线非常敏感，所以，如果手环的佩戴不够紧，则光线变化可能会影响其准确性。

随着技术的发展，用于心率测量的腕戴式可穿戴设备将会越来越多的替代胸

---

① GJORESKI M，GJORESKI H，LUSTREK M，et al. How Accurately Can Your Wrist Device Recognize Daily Activities and Detect Falls？［J］. Sensors，2016，16（6）：800

② DIEU O，MIKULOVIC J，FARDY PS，et al. Physical activity using wrist-worn accelerometers：comparison of dominant and non-dominant wrist［J］. Clinical Physiology and Functional Imaging，2017，37（5）：525-529.

③ REDDY RK，POONI R，ZAHARIEVA DP，et al. Accuracy of Wrist-Worn Activity Monitors During Common Daily Physical Activities and Types of Structured Exercise：Evaluation Study［J］. JMIR Mhealth Uhealth，2018，6（12）：e10338.

④ GILGEN-AMMANN R，SCHWEIZER T，WYSS T. Accuracy of the Multisensory Wristwatch Polar Vantage’s Estimation of Energy Expenditure in Various Activities：Instrument Validation Study［J］. Jmir Mhealth and Uhealth，2019，7（10）：e14534

带式设备①。在实际的测量操作过程中，腕带式的手环佩戴明显地更加方便，使用也比较容易，所有学生都认为手环佩戴起来非常舒适，易于穿戴和摘除。而胸戴式设备则比较麻烦，必须脱下外衣并用酒精擦拭皮带以确保设备与皮肤的贴合，因此尤其是在寒冷的天气时会非常不便，而且还需要脱衣的单独空间。课程间隔大约为十分钟，从上一节课结束到下一节体育课开始之前，时间仅仅够 2 个左右学生穿戴设备，而且还是在助手帮助的情况下。学生想要依靠自己佩戴胸带非常困难。另一方面，体育课的内容种类繁多，动作复杂，容易导致胸部设备脱落，这就是为什么我们去了 10 所学校但只得到 24 个样本的原因。与 Polar 相比，手环戴在手腕上，对身体活动的限制较少，并且腕戴式可穿戴设备更舒适，更容易接受。老师认为这种设备有助于监控学生的身体活动水平。根据学生的心态，教师可以更合理地安排身体活动强度，所有教师都认为手环具有实用价值。它显示出很高的可行性。

如果想要进行长期的身体活动监测时，比较有效的佩戴方式为要每天佩戴 10 个小时以上，至少测量四天的时间②。在这样的前提下，腕戴式可穿戴设备总体比腰戴式和其他佩戴位置的设备更方便，佩戴者依从性更高③。我们在选用测量设备时，不仅要注意准确性，还要注意参与者对设备的依从性，在此方面手环表现更加优异。但是，尽管手环在体育课中表现出色，但其能否用于长期日常行为监控仍需进一步研究证明。很多科研级设备（例如 Polar）都过于昂贵，导致普通体育课上无法收集身体活动数据，手环的价格较低（约 300 元），并且可以自行购买计算机或 iPad，因此大多数机构都可以负担得起。经验证，手环在体育课上具有良好的效度和可行性，对体育课测评来说是一个不错的选择。尽管本研究未包括更多类型的体育课，但现有结果表明手环在体育课设置中具有相对较大的应用潜力。

二、商业化设备应用验证

前文对手环监控心率指标的效度进行了验证，发现手环具有中等效度，因此不需再次对两种设备在体系中测评的结果进行重复对比（MVPA 仍用加速度计测量），本部分只检验了手环是否能够顺利得出测评结果。按前文构建的基于可

① HORTON JF，STERGIOU PRO，TAK SF，et al. Comparison of Polar M600 Optical Heart Rate and ECG Heart Rate during Exercise ［J］. Medicine & Science in Sports & Exercise，2017，49（12）：2600-2607.

② PEDISIC Z，BAUMAN A. Accelerometer-based measures in physical activity surveillance：current practices and issues ［J］. British Journal of Sports Medicine，2015，49（4）：219-U25.

③ AYABE M，KUMAHARA H，MORIMURA K，et al. Epoch length and the physical activity bout analysis：an accelerometry research issue ［J］. BMC Research Notes，2013，6：20.

穿戴设备的初中体育课测评体系进行计算，对手环测得的数据运算与整理得到如下结果（表 5-9）。

表 5-9　总体得分与一级指标得分情况

一级指标得分	手环	Polar	标准差
学生学习	67.5		23.4
教师教学	78.2		25.6
总得分	74.6		16.8

本次测得的体育课测评结果相较之前的得分稍高，可能与本次测评的组织形式有关，本次测评是跟随上海市教育部门组织的“听课观课”活动同时进行的，教师和学生都做了充分的准备，体育课的质量有一定的保障，因此体育课的得分出现了上浮。从指标得分的趋势来看，两个一级指标之间仍是“教师教学”表现更佳，与之前的结论相一致。

“学生学习”指标下，得分较高的是“意志品质发展”“运动知识掌握”“技能得以发展”，与前文中体系应用得出的结论较一致（表 5-10）。得分最低的是“完成课程质量”，处于正常水准以下。相对于前文中的结果各项指标均略有提升，但总体情况基本一致。

表 5-10　学生学习得分情况

一级指标	二级指标	平均值	标准差
学生学习	负荷强度适宜	68.7	20.7
	完成课程质量	55.0	14.9
	体能得以发展	62.0	18.7
	课上积极投入	66.7	15.3
	练习密度合理	65.8	27.4
	技能得以发展	75.3	10.6
	运动知识掌握	79.8	13.1
	意志品质发展	85.6	9.2

“教师教学”方面，得分较高的是“教案质量”“课堂常规落实”“器材设备准备”与前文的结论相一致。得分较低的是“充分利用时间”与“全面照顾”，也与前文中的结论相一致。教师与学生在“听课”环境下表现均有一定提升是符合事实逻辑的，本次测评结果的提升的现象正好验证了本研究构建的测评体系具有较好的敏感性，效度良好（表 5-11）。因为本次使用手环测评的样本量较少，没有做两者的相关分析，但从手环的效度水平结合已有的数据结果看

来，手环用于本研究构建的测评体系完全可行。

表 5-11 初中体育课教师教学得分情况

一级指标	二级指标	平均值	标准差
教师教学	充分利用时间	58.9	14.0
	保护帮助到位	70.6	18.3
	教学目标突出	75.6	13.2
	示范讲解到位	88.4	15.4
	教学原则运用	89.3	22.4
	器材设备准备	95.6	9.3
	教学步骤清楚	82.7	23.8
	课堂常规落实	95.4	6.4
	仪表教态	96.3	6.7
	全面照顾	66.7	23.1
	教案质量	92.5	4.5

三、优化结果

研究结果显示，手环在体育课中的效度有所降低，但仍达到了中等水平并十分接近良好的水平。该手环的监控准确性较高，佩戴舒适，老师和学生接受程度高，具有很高的应用价值。利用手环替代科研级设备也可以实现对体育课的测评，并且测得的体育课得分与使用科研级设备测得的结果相一致。本研究验证的普及型民用可穿戴智能手环具备测评体育课的条件，可以作为体育课测评体系的使用工具，以手环代替科研级设备对体育课测评，成本大幅降低，操作的便利性大幅提高。影响手环信效度的因素可能不是身体活动的强度，而是身体活动的类型。未来需要进行更多的研究来确定哪种类型的身体活动对效度有何种影响。

第六章

测评体系特点

体育课测评体系的构建与应用响应了国家积极完善学校体育评价机制的要求，也响应了智能技术与学校体育结合的意见，能够为推进学校体育评价改革促进体育事业发展提供帮助。

一、测评体系解读

（1）本研究以测量理论与教育评价理论为基础，借鉴国内外体育课测评经验，着眼于全面加强学校体育测评工作，严格按照体系构建的原则与方法，以德尔菲法为主，结合多种研究研究方法，构建与完善了基于可穿戴设备的初中体育课测评体系，该体系包含 2 个一级指标，19 个二级指标以及各自观测点。该体系纳入了多项新兴指标与多项客观指标，重设多项指标的计分标准，降低了主观指标的数量，提高了体育课测评体系的客观性与完整性。以因子分析对基于可穿戴设备的初中体育课测评体系进行验证，证实该测评体系与实际数据拟合度高，该体系具有良好的信度与效度。该体系可以为提高体育课质量，提升体育课效率，促进学校体育测评理论发展等方面提供帮助。

（2）以构建的测评体系对体育课进行测评应用后发现，“教师教学”与“学生学习”得分之间存在不相匹配现象。即便体育课上教师各方面表现较好，但学生却往往仍会出现各项指标得分不高的问题。一方面说明学生对待体育课的态度和思想观念有待转变，另一方面说明体育课上教师教学工作转化成教学效果的效率不高，这对于促进学生知识、技能学习和健康收益方面都存在不利影响。

（3）本研究选取的普及型民用设备具有替代科研级设备的基本条件，测评体系的成本得到降低、测评操作性与可推广性得到提高。该手环在监控初中体育课学生心率方面具有中等效度，手环测评结果与科研及设备结果基本一致。该手环具有测量准确、造价低廉、佩戴方便、师生接受度更高的特点，可以作为体育课测评体系中的替代工具。

二、未来及走向

随着社会需求的变化和测评技术的进步，测评体系也需要持续更新和进化。普及型民用设备发展迅速，对这类设备的检验，有助于测评体系的推广与应用，可穿戴设备与体育测评的结合具有广阔的发展前景。

第七章

本研究创新与局限

一、研究的创新性

本研究首次将可穿戴设备融入到初中体育课的测评体系构建中，在理论与实践方面均有创新。

（1）本研究运用了多种研究方法，在每个研究环节中都保持了高度的严谨与科学，体系构建阶段以知识图谱结合现实条件遴选专家，配以德尔菲法进行体系构建，运用“简易表格法”对体系指标权重进行确定，以因子分析法验证体系信效度，确保了所构建测评的信效度。

（2）以可穿戴设备介入初中体育课的测评，有利于体育课测评的客观化，能够从学生本体感受出发对体育课进行测评，开发了测评新角度，提供了一种体育课测评的操作方法。降低了传统体育课测评的主观性与旁观性，为提高体育课效率提供技术支持。本研究还对普及型民用设备进行了应用检验，为测评体育课的工具选择拓宽了范围，为智能设备与学校体育的结合提供了思路。

（3）对初中体育课测评发展改进的思路起到拓展，对体育教师的教学思想转变起到积极影响，对学校体育的有效发展起到促进作用，使用了新方法纳入了新指标有利于地区与地区之间、国家与国家之间、地区与国家之间的对比与交流。

二、研究局的限性

以可穿戴式智能设备对体育进行测评是对传统思维的挑战与创新，，一方面符合科技发展与学科结合的需求，另一方面尝试了从不同的角度对初中体育课进行了剖析，虽然在研究过程中极力保持严谨与科学的态度，但仍存在一些局限与不足。

（1）体育课测评体系仍存在待改进的空间。目前，可穿戴设备测量的指标比较有限，尚不能做到对体育课上学生自身之外的内容进行测评，如教案质量，教师形象等因素。随着技术的发展，未来有望解决这些问题。

（2）本研究虽然在基于可穿戴设备的初中体育课测评体系构建阶段邀请了多个领域的专家进行了咨询并且借鉴了历来学者们构建的测评体系，但影响体育课因素众多且每个阶段均有一定的变化，所以仍无法保证所有的指标已被全部纳入，可能存在指标遗漏的情况。

（3）本研究在指标权重确定方面参考了大量文献最终选取了“简易表格法”该方法虽被证明与层次分析法具有同样的计算效果，但仍属于主观法，未能

将整个赋值流程客观化。随着统计学与体育学科的深入结合，这方面的问题今后也可能会得以解决。

（4）普及型设备验证与应用阶段存在局限性。测试对象为健康学生，因此本研究不能确定手环在心脏病等其他人群中的准确性。小样本数量也可能会影响研究的结果。已发现身体活动类型可能会对设备的可靠性和有效性产生影响，但限于篇幅和研究条件并未对身体活动分类。不确定哪种类型的身体活动导致可靠性和有效性的变化。

附录

附录一　可穿戴设备基本信息

附表 1 可穿戴设备基本信息表

序号	设备名称	分析指标	佩戴位置	参考文献
1	Actigraph GT1M	步数	腰髋部	123
2	ActiGraph GT3X	总能耗、步数、姿势辨别	腰髋部、脚踝	89，113，114，127，141，148，207
3	ActiGraph GT3X+	净能耗、加速度、步数、MET	腰髋部、大腿、小腿	112，115，129，134
4	Actigraph wGT3X-BT	步数	腰髋部、手臂、手腕、脚踝	123，135
5	Actimarker	步数	腰髋部	146
6	Active Style Pro	步数	腰髋部	146
7	ActivPAL	步数、姿势辨别、MET	大腿	112，127，134，136，138
8	APDM Opal	步数	腰髋部	123
9	Apple Watch Sport	步数	手腕	98，120，144
10	Armour39	心率	不确定	208
11	Axivity AX3	步数	腰髋部	123
12	Basis Peak	心率、步数、总能耗	手腕	119，128
13	Core Armband	MET	上臂	112
14	DynaPort MoveMonitor	动作识别	腰髋部	209
15	Epson Pulsense	总能耗	手腕	89

续表

序号	设备名称	分析指标	佩戴位置	参考文献
16	Fitbit Blaze	心率	手腕	120
17	Fitbit Charge	步数，心率	手腕	119，128，134
18	Fitbit Charge HR	步数、净能耗、心率、睡眠时长	手腕	98，124，125，135，144
19	Fitbit Flex	步数、净能耗、睡眠时长	手腕	89，135
20	Fitbit One	步数	腰髋部、脚踝	134，135
21	Fitbit Surge	心率	手腕	119
22	Fitbit Zip	步数	腰髋部	126
23	Flyfit	步数	脚踝	[144]
24	Garmin Forerunner 235	心率	手腕	120
25	Garmin Forerunner920XT	净能耗	前臂、手腕	147
26	Garmin Vivofit	步数、净能耗、睡眠时长、总能耗	手腕、腰髋部	89，117，125，131，134
27	Garmin Vivosmart	步数	手腕	[144]
28	GPsports	速度和加速度	背部	[40]
29	G-Sensor（元件）	步数	腰髋部	134
30	Hexoskin	步数、能耗、心率	穿着式	124
31	Jawbone（UP24）	总能耗、步数	腰髋部、手腕	89，135
32	Jawbone UP	步数、净能耗、睡眠时长、总能耗	手腕	125，131
33	Jawbone Up Move，	步数	腰髋部	[144]
34	Kenz Lifecorder EX	步数	腰髋部	146
35	MICA2DOT motes	净能耗、加速度	大腿、手腕、脚踝	115

续表

序号	设备名称	分析指标	佩戴位置	参考文献
36	Mio Alpha	心率	手腕	98
37	Mio Fuse	心率	手腕	119，128
38	Misfit Flash	步数	腰髋部	[144]
39	Misfit Shine	净能耗、睡眠时长、总能耗	腰部、手腕	89，125
40	New–Lifestyles NL–1000	步数	腰髋部	122
41	Nike+FuelBand SE	净能耗、睡眠时长	手腕	125
42	Omron Active Style Pro	总能耗	腰髋部	89
43	Omron CaloriScan	总能耗	口袋	89
44	Omron HJ–720 T	步数	腰髋部	113
45	Panasonic Actimarker	总能耗	腰髋部	89
46	Pebble Smartwatch	步数	手腕	[144]
47	Piezo® Step MV	步数	腰髋部	138
48	Polar	心率	胸部	123
49	Polar Active	步数	手腕	113
50	Polar Loop	步数、心率、净能耗、睡眠时长	手腕	120，125，144
51	Polar M600 Sport Watch	心率	手腕	[142
52	Polar V800	净能耗	前臂、手腕	147
53	PUSH wearable band	动作速度	前臂	139
54	Samsung Gear S	步数	手腕	[144]
55	Scosche Rhythm+	心率	前臂	120

续表

序号	设备名称	分析指标	佩戴位置	参考文献
56	SenseWear Pro3	MET	上臂	121
57	smartphone	心率	手持	145
58	smartphone（Moves）	步数	口袋	[144]
59	StepWatch	步数	脚踝	134，138
60	Suunto Ambit2	净能耗	前臂、手腕	147
61	Suzuken Lifecorder EX	总能耗	腰髋部	89
62	Tanita AM-160	总能耗	口袋	89
63	TomTomSpark Cardio	心率	手腕	120
64	Withings Pulse	步数、距离、净能耗	腰髋部、衣领、手腕	117
65	Withings Pulse O_2	总能耗	手腕	89
66	Yamax Digiwalker SW-701	步数	腰髋部	113
67	Yamax PW/EX-510	步数、距离、净能耗、运动时长	腰髋部、口袋、颈部	148

注：净能耗指运动时的能量消耗，以区分总能耗。个别文献对设备品牌描述不够具体，为保证研究准确性与真实性，因此设备名称以原文中提供的名称为准。

附录二　可穿戴设备信度

附表 2　可穿戴设备信度

Reliability of Wearable Devices

设备名称	研究对象	身体活动类型	佩戴位置	指标	主要统计方法	具体值	等级
Actigraph GT3X+	24 名健康成人（23.9±1.9 岁）	骑行类，功率自行车	腰髋部	蹬踏次数	ICC	VS 小腿 0.01	低
		骑行类，功率自行车	大腿	蹬踏次数	ICC	VS 小腿＞0.99	优秀
		骑行类，功率自行车	小腿	蹬踏次数	ICC	VS 大腿＞0.99	优秀
		骑行类，功率自行车	腰髋部	蹬踏次数	ICC	0.15	低
		骑行类，功率自行车	大腿	蹬踏次数	ICC	＞0.99	优秀
		骑行类，功率自行车	小腿	蹬踏次数	ICC	0.99	优秀
		走跑类，地面，全力跑	腰髋部	步数	ICC	≥0.99	高
		走跑类，跑步机	腰髋部	步数	ICC	VS 大腿 0	低
		走跑类，跑步机	大腿	步数	ICC	VS 小腿 0	低
		走跑类，跑步机	小腿	步数	ICC	VS 腰部 0.98	优秀
		走跑类，跑步机	腰髋部	步数	ICC	＞0.99	优秀
		走跑类，跑步机	大腿	步数	ICC	0.65	低
		走跑类，跑步机	小腿	步数	ICC	≥0.99	优秀
ActiGraph GT3X+	51 名健康人（20～30 岁）	走跑类，跑步机，3km/h	腰髋部	能耗	ICC	0.199	低
		走跑类，跑步机，4.5×4.5（10% 坡度）×6×7.5km/h	腰髋部	能耗	ICC	＞0.75	良好

续表

设备名称	研究对象	身体活动类型	佩戴位置	指标	主要统计方法	具体值	等级
Apple Watch Sport	31 名健康成人（32±12 岁）	走跑类，跑步机，3.2km/h	手腕	步数	ICC	0.38	低
		走跑类，跑步机，4.8km/h	手腕	步数	ICC	0.48	低
		走跑类，跑步机，6.4km/h	手腕	步数	ICC	0.80	良好
Fitbit Charge HR	31 名健康成人（32±12 岁）	走跑类，跑步机，3.2km/h	手腕	步数	ICC	0.73	中等
		走跑类，跑步机，4.8km/h	手腕	步数	ICC	0.70	中等
		走跑类，跑步机，6.4km/h	手腕	步数	ICC	0.65	中等
Fitbit Zip	24 名中风引起偏瘫的患者	走跑类，地面，走	腰髋部	步数	ICC	0.974	优秀
Flyfit	31 名健康成人（32±12 岁）	走跑类，跑步机，3.2km/h	脚踝	步数	ICC	0.15	低
		走跑类，跑步机，4.8km/h	脚踝	步数	ICC	0.58	低
		走跑类，跑步机，6.4km/h	脚踝	步数	ICC	0.46	低
Garmin Vivofit	24 名中风引起偏瘫的患者	走跑类，地面，走	手腕患侧	步数	ICC	0.858	优秀
		走跑类，地面，走	手腕健康	步数	ICC	0.964	优秀
Garmin Vivosmart	31 名健康成人（32±12 岁）	走跑类，跑步机，3.2km/h	手腕	步数	ICC	0.79	良好
		走跑类，跑步机，4.8km/h	手腕	步数	ICC	0.51	低
		走跑类，跑步机，6.4km/h	手腕	步数	ICC	0.72	中等
Jawbone Up Move	31 名名健康成人（32±12 岁）	走跑类，跑步机，3.2km/h	腰髋部	步数	ICC	0.07	低
		走跑类，跑步机，4.8km/h	腰髋部	步数	ICC	0.00	低
		走跑类，跑步机，6.4km/h	腰髋部	步数	ICC	0.65	中等
Misfit Flash	31 名名健康成人（32±12 岁）	走跑类，跑步机，3.2km/h	腰髋部	步数	ICC	0.48	低
		走跑类，跑步机，4.8km/h	腰髋部	步数	ICC	0.03	低
		走跑类，跑步机，6.4km/h	腰髋部	步数	ICC	0.14	低

续表

设备名称	研究对象	身体活动类型	佩戴位置	指标	主要统计方法	具体值	等级
Pebble Smartwatch	31 名名健康成人（32±12 岁）	走跑类，跑步机，3.2km/h	手腕	步数	ICC	0.56	低
		走跑类，跑步机，4.8km/h	手腕	步数	ICC	0.33	低
		走跑类，跑步机，6.4km/h	手腕	步数	ICC	0.89	良好
Polar Loop	31 名名健康成人（32±12 岁）	走跑类，跑步机，3.2km/h	手腕	步数	ICC	0.74	中等
		走跑类，跑步机，4.8km/h	手腕	步数	ICC	0.15	低
		走跑类，跑步机，6.4km/h	手腕	步数	ICC	0.49	低
PUSH wearable band	10 名体育系男（23.4±5.2 岁）	力量练习	前臂	动作速度	ICC	0.981	优秀
Samsung Gear S	31 名健康成人（32±12 岁）	走跑类，跑步机，3.2km/h	手腕	步数	ICC	0.97	优秀
		走跑类，跑步机，4.8km/h	手腕	步数	ICC	0.86	良好
		走跑类，跑步机，6.4km/h	手腕	步数	ICC	0.93	优秀
smartphone	31 名健康成人（32±12 岁）	走跑类，跑步机，3.2km/h	口袋	步数	ICC	0.46	低
		走跑类，跑步机，4.8km/h	口袋	步数	ICC	0.49	低
		走跑类，跑步机，6.4km/h	口袋	步数	ICC	0.66	中等
Withings Pulse	28 名健康成年人（25.5±3.7）	综合类，模拟日常	手腕	能耗	ICC	VS 衣领 0.058	低
		综合类，模拟日常	衣领	能耗	ICC	VS 髋部 0.588	中等
		综合类，模拟日常	腰髋部	能耗	ICC	VS 手腕 0.094	低

注：本研究中“等级”是以原文研究中的认定为依据。对于研究中使用了多种“统计方法”的，优先选择结果清晰的和有具体值的方法，同时因为“组内相关系数（ICC）”在信度研究中的优先等级较高，因此在同等条件下优先以 ICC 为主要统计方法。本文涉及的研究均以“ICC”为主要信度研究方法。大多数信度研究均以重复测量法为具体操作方法，除表 3 中“VS XX”是指同一种设备佩戴在不同部位，将部位之间的信度进行验证。活动类型中，“骑行类”是指身体活动内容是骑自行车或骑功率自行车“骑行类，功率自行车”是指在功率自行车上完成的骑行以便与在平地骑自行车相区别。“走跑类”是指活动内容是走/跑或走跑结合的活动，“走跑类，跑步机”，是指走跑类运动在跑步机上完成，以便与在地面完成的活动相区别。“综合类”是指包含了多种活动内容，例如骑自行车、跑步、扫地、叠衣等几项活动相结合，“综合类，模拟日常”是指选取多项日常生活中的活动类型模拟日常活动，以便于非实验室条件下的日常活动相区别。

附录三　可穿戴设备效度

附表 3　可穿戴设备效度情况

Validity of Wearable Devices

指标	设备名称	研究对象	身体活动类型	主要统计方法	佩戴位置	金标准	具体值	等级
MET								
	ActiGraph GT3X+	25 名健康成人（18–30 岁）	综合类，模拟日常	Person	腰髋部	气体分析	0.72	高
	ActiGraph GT3X+	52 名健康成人（18–40 岁）	综合类，模拟日常	MAPE	腰髋部	气体分析	＞ 30	低
	Actimarker	49 名健康老人（76.9±3.7 岁）	走跑类，地面，扶轮椅	APE	腰髋部	气体分析	19.8–29.6	低
	Actimarker	49 名健康老人（76.9±3.7 岁）	走跑类，地面，走	APE	腰髋部	气体分析	20.2 ～ 36.5	低
	Actimarker	49 名健康脆弱老人（76.9±3.7 岁）	走跑类，地面，走	APE	腰髋部	气体分析	22.5 ～ 28.0	低
	Actimarker	49 名健康老人（76.9±3.7 岁）	走跑类，地面，拄拐	APE	腰髋部	气体分析	29.1 ～ 39.5	低
	Active Style Pro	49 名健康脆弱老人（76.9±3.7 岁）	走跑类，地面，走	APE	腰髋部	气体分析	14.3 ～ 19.8	低

续表

指标	设备名称	研究对象	身体活动类型	主要统计方法	佩戴位置	金标准	具体值	等级
	Active Style Pro	49 名健康老人（76.9±3.7 岁）	走跑类，地面，走	APE	腰髋部	气体分析	14.5 ～ 17.1	低
	Active Style Pro	49 名健康老人（76.9±3.7 岁）	走跑类，地面，扶轮椅走	APE	腰髋部	气体分析	25.2 ～ 28.3	低
	Active Style Pro	49 名健康老人（76.9±3.7 岁）	走跑类，地面，拄拐走	APE	腰髋部	气体分析	27.0 ～ 30.8	低
	ActivPAL	52 名健康成人（18–40 岁）	综合类，模拟日常	MAPE	大腿前中	气体分析	＞ 30	低
	ActivPAL3 Micro	56 名成人（39.9±11.5 岁）	综合类，模拟日常	BA	腰髋部	气体分析	0.95（2.77 ～ –4.67）	低
	biaxial MICA2DOT motes	25 名健康成人（18–30 岁）	综合类，模拟日常	Person	大腿右外侧	气体分析	＞ 0.79	高
	biaxial MICA2DOT motes	25 名健康成人（18–30 岁）	综合类，模拟日常	Person	脚踝右	气体分析	＞ 0.79	高
	biaxial MICA2DOT motes	25 名健康成人（18 ～ 30 岁）	综合类，模拟日常	Person	手腕右	气体分析	＞ 0.79	高
	Core Armband	52 名健康成人（18 ～ 40 岁）	综合类，模拟日常	MAPE	上臂非优	气体分析	＞ 30	低
	Kenz Lifecorder EX	49 名健康老人（76.9±3.7 岁）	走跑类，地面，走	APE	腰髋部	气体分析	18.3 ～ 21.8	低
	Kenz Lifecorder EX	49 名健康脆弱老人（76.9±3.7 岁）	走跑类，地面，走	APE	腰髋部	气体分析	19.0 ～ 23.6	低

续表

指标	设备名称	研究对象	身体活动类型	主要统计方法	佩戴位置	金标准	具体值	等级
	Kenz Lifecorder EX	49 名健康老人（76.9±3.7 岁）	走跑类，地面，扶轮椅走	APE	腰髋部	气体分析	37.1 ～ 36.4	低
	Kenz Lifecorder EX	49 名健康老人（76.9±3.7 岁）	走跑类，地面，拄拐走	APE	腰髋部	气体分析	45.4 ～ 46.1	低
	SenseWear Pro3	56 名成人（39.9±11.5 岁）	综合类，模拟日常	BA	上臂	气体分析	−0.20（2.93 ～ −3.33）	低
步数								
	Actigraph accelerate	30 名健康大学生（24.3±5.2 岁）	走跑类，跑步机，5×6.5×8×10×12km/h	PE	腰髋部	视频记录	−0.3±4.0	高
	Actigraph accelerate	30 名健康大学生（24.3±5.2 岁）	走跑类，跑步机，5×6.5×8×10×12km/h	PE	手腕	视频记录	−41.7±13.5	低
	Actigraph GT3X	30 名健康人年龄符合特定标准	走跑类，地面，拄拐	MD	腰髋部	视频记录	−6.72	中
	Actigraph GT3X	30 名健康人年龄符合特定标准	走跑类，地面，扶支架	MD	腰髋部	视频记录	−6.58	中
	Actigraph GT3X	30 名健康人年龄符合特定标准	走跑类，地面，扶支架	MD	脚踝	视频记录	−0.63	中
	Actigraph GT3X	30 名健康人年龄符合特定标准	走跑类，地面，拄拐	MD	脚踝	视频记录	−0.28	中
	ActiGraph GT3X+	43 名大学生（20.9±2.1 岁）	走跑类，跑步机 5.6×6.6km/h	ICC	腰髋部	手动计数	0.99	高

续表

指标	设备名称	研究对象	身体活动类型	主要统计方法	佩戴位置	金标准	具体值	等级
	ActiGraph GT3X+	43 名大学生（20.9±2.1 岁）	走跑类，跑步机，3.2×4×4.8km/h	ICC	腰髋部	手动计数	＜ 0.7	低
	ActiGraph GT3X+	22 名健康成人（21 ～ 29 岁）	走跑类，跑步机，1.57 ～ 3.13m/s	Person	小腿	视频记录	＞ 0.99	高
	ActiGraph GT3X+	22 名健康成人（21 ～ 29 岁）	走跑类，跑步机，1.57 ～ 3.13m/s	Person	腰髋部	视频记录	＞ 0.99	高
	ActiGraph GT3X+	166 名中风住院病人（26 ～ 98 岁）	走跑类，跑步机，走	ICC	腰髋部	手动计数	0.123 ～ 0.399	低
	ActiGraph GT3X+	22 名健康成人（21 ～ 29 岁）	走跑类，跑步机，1.57 ～ 3.13m/s	Person	大腿	视频记录	-0.18	低
	ActiGraph GT3X+	63 名健康成人（45.8±20.6 岁）	走跑类，地面，低中高三速行走 120m	APE	腰髋部	视频记录	3.8 ～ 16.8	低
	Actigraph wGT3X-BT	25 名健康大学生（25.9±7.86 岁）	走跑类，跑步机，0.9×1.1×1.3m/s	PE	腰髋部	手动计数	32.70%	低
	Actimarker	49 名健康老人（76.9±3.7 岁）	走跑类，地面，走	APE	腰髋部	手动计数	0.6 ～ 20.6	低
	Actimarker	49 名健康老人（76.9±3.7 岁）	走跑类，地面，拄拐	APE	腰髋部	手动计数	37.6 ～ 66.0	低
	Actimarker	49 名健康老人（76.9±3.7 岁）	走跑类，地面，扶轮椅	APE	腰髋部	手动计数	69.9 ～ 85.2	低
	Actimarker	49 名健康脆弱老人（76.9±3.7 岁）	走跑类，地面，走	APE	腰髋部	手动计数	9.7 ～ 47.0	低

续表

指标	设备名称	研究对象	身体活动类型	主要统计方法	佩戴位置	金标准	具体值	等级
	Active Style Pro	49 名健康老人（76.9±3.7 岁）	走跑类，地面，走	APE	腰髋部	手动计数	0.3 ～ 5.5%	低
	Active Style Pro	49 名健康老人（76.9±3.7 岁）	走跑类，地面，拄拐走	APE	腰髋部	手动计数	38.2 ～ 63.5	低
	Active Style Pro	49 名健康脆弱老人（76.9±3.7 岁）	走跑类，地面，走	APE	腰髋部	手动计数	4.8 ～ 38.2	低
	Active Style Pro	49 名健康老人（76.9±3.7 岁）	走跑类，地面，扶轮椅走	APE	腰髋部	手动计数	66.1 ～ 89.9	低
	ActivPAL	166 名中风病人（26 ～ 98 岁）	走跑类，跑步机，走	ICC	大腿	手动计数	0.781	高
	ActivPAL 3	32 名老人（78.1±7.8 岁）	走跑类，地面，走，拄拐与不拄拐，长距离和短距离	ICC	大腿中间	视频记录	0.1	低
	APDM Opal	25 名健康大学生（25.9±7.86 岁）	走跑类，跑步机，0.9×1.1×1.3m/s	PE	腰髋部	手动计数	30.3	低
	Apple Watch Sport	31 名健康人（32±12 岁）	走跑类，跑步机，6.4km/h	ICC	手腕左	手动计数	0.86	高
	Apple Watch Sport	31 名健康人（32±12 岁）	走跑类，跑步机，3.2×4.8km/h	ICC	手腕左	手动计数	0.53 ～ 0.73	低
	Axivity AX3	25 名健康大学生（25.9±7.86 岁）	走跑类，跑步机，0.9×1.1×1.3m/s	PE	腰髋部	手动计数	-22.4	中
	Fitbit Charge	166 名中风住院病人（26 ～ 98 岁）	走跑类，跑步机，走	ICC	手腕	手动计数	0.123 ～ 0.399	低

续表

指标	设备名称	研究对象	身体活动类型	主要统计方法	佩戴位置	金标准	具体值	等级
	Fitbit Charge HR	31 名健康人（32±12 岁）	走跑类，跑步机，3.2×4.8×6.4km/h	ICC	手腕右	手动计数	＜ 0.74	低
	Fitbit Charge HR	30 名健康大学生（24.3±5.2 岁）	走跑类，跑步机，5×6.5×8×10×12km/h	PE	手腕	视频记录	–4.8±10.8	高
	Fitbit Charge HR	32 名健康人（23.5±1.3 岁）	综合类，模拟日常	MAPE	手腕非优	计步器	9.7±1.2	高
	Fitbit Flex	30 名健康成人（21.5±2.0 岁）	综合类，模拟日常	APE	手腕	直接观察	＞ 10	低
	Fitbit Flex	30 名健康大学生（24.3±5.2 岁）	走跑类，跑步机，5×6.5×8×10×12km/h	ME	手腕	视频记录	–4.8±12.2	高
	Fitbit One	166 名中风住院病人（26 ～ 98 岁）	走跑类，跑步机，走	ICC	腰髋部	手动计数	0.397	低
	Fitbit One	166 名中风住院病人（26 ～ 98 岁）	走跑类，跑步机，走	ICC	脚踝	手动计数	0.919	高
	Fitbit One	30 名健康大学生（24.3±5.2 岁）	走跑类，跑步机，5×6.5×8×10×12km/h	ME	腰髋部	视频记录	–0.04±4.3	高
	Fitbit Zip	24 名中风偏瘫者（54±13.4 岁）	走跑类，地面，速度自选	MAPE	腰髋部	视频记录	–18.9	低
	Flyfit	31 名健康人（32±12 岁）	走跑类，跑步机，3.2×4.8×6.4km/h	ICC	脚踝右	手动计数	＜ 0.32	低
	Garmin Vivofit	24 名中风偏瘫者（54±13.4 岁）	走跑类，地面，速度自选	MAPE	手腕健康	视频记录	–40.7	低

续表

指标	设备名称	研究对象	身体活动类型	主要统计方法	佩戴位置	金标准	具体值	等级
	Garmin Vivofit	24 名中风偏瘫者（54±13.4 岁）	走跑类，地面，速度自选	MAPE	手腕麻痹	视频记录	-33.4	低
	Garmin Vivofit	30 名健康成人（21.5±2.0 岁）	综合类，模拟日常	APE	手腕	直接观察	＞ 10	低
	Garmin Vivofit	166 名中风住院病人（26 ～ 98 岁）	走跑类，跑步机，走	ICC	手腕	手动计数	0.123 ～ 0.399	低
	Garmin Vivosmart	31 名健康人（32±12 岁）	走跑类，跑步机，3.2×4.8×6.4km/h	ICC	手腕右	手动计数	0–0.95	低
	G–Sensor	166 名中风住院病人（26 ～ 98 岁）	走跑类，跑步机，走	ICC	腰髋部	手动计数	0.123 ～ 0.399	低
	Hexoskin	32 名健康人（23.5±1.3 岁）	综合类，模拟日常	MAPE	穿着类	计步器	9.4±0.7	高
	Jawbone UP	30 名健康成人（21.5±2.0 岁）	综合类，模拟日常	APE	手腕	直接观察	＞ 10	低
	Jawbone Up Move，	31 名健康人（32±12 岁）	走跑类，跑步机，3.2×4.8×6.4km/h	ICC	腰髋部	手动计数	＜ 0.72	低
	Jawbone UP24	30 名健康大学生（24.3±5.2 岁）	走跑类，跑步机，5×6.5×8×10×12km/h	PE	手腕	视频记录	-1.8±7.8	高
	Kenz Lifecorder EX	49 名健康脆弱老人（76.9±3.7 岁）	走跑类，地面，走	APE	腰髋部	手动计数	17.7 ～ 49.8	低
	Kenz Lifecorder EX	49 名健康老人（76.9±3.7 岁）	走跑类，地面，走	APE	腰髋部	手动计数	2.0 ～ 14.4	低

续表

指标	设备名称	研究对象	身体活动类型	主要统计方法	佩戴位置	金标准	具体值	等级
	Kenz Lifecorder EX	49 名健康老人（76.9±3.7 岁）	走跑类，地面，拄拐走	APE	腰髋部	手动计数	66.9 ～ 88.0	低
	Kenz Lifecorder EX	49 名健康老人（76.9±3.7 岁）	走跑类，地面，扶轮椅走	APE	腰髋部	手动计数	84.4 ～ 96.8	低
	Misfit Flash	31 名健康人（32±12 岁）	走跑类，跑步机，3.2×4.8×6.4km/h	ICC	腰髋部	手动计数	＜ 0.15	低
	New–Lifestyles NL–1000	30 名 6 岁以上，特发性脚趾行走的儿童	走跑类，地面，50 英尺	Wilcoxon 秩检验	腰髋部	视频记录	65	中
	New–Lifestyles NL–1000	45 名 5 岁以下，特发性脚趾行走的儿童	走跑类，地面，50 英尺	Wilcoxon 秩检验	腰髋部	视频记录	72	低
	Omron HJ–720 T	43 名大学生（20.9±2.1 岁）	走跑类，跑步机，3.2×4×4.8×5.6×6.5km/h	ICC	腰髋部	手动计数	0.90 ～ 0.99	高
	Pebble Smartwatch	31 名健康人（32±12 岁）	走跑类，跑步机，6.4km/h	ICC	手腕左	手动计数	0.91	高
	Pebble Smartwatch	31 名健康人（32±12 岁）	走跑类，跑步机，3.2×4.8km/h	ICC	手腕左	手动计数	0.77 ～ 0.78	中
	Piezo® Step MV	32 名老人（78.1±7.8 岁）	走跑类，地面，拄拐与不拄拐，长距离和短距离	ICC	腰髋部	视频记录	−0.2	低
	Polar Active accelerometer	43 名大学生（20.9±2.1 岁）	走跑类，跑步机，3.2×4×4.8×5.6×6.5km/h	ICC	手腕左	手动计数	0.39 ～ 0.67	低
	Polar Loop	31 名健康人（32±12 岁）	走跑类，跑步机，3.2×4.8×6.4km/h	ICC	手腕右	手动计数	0.08–0.26	低

续表

指标	设备名称	研究对象	身体活动类型	主要统计方法	佩戴位置	金标准	具体值	等级
	Samsung Gear S	31 名健康人（32±12 岁）	走跑类，跑步机，6.4km/h	ICC	手腕左	手动计数	0.92	高
	Samsung Gear S	31 名健康人（32±12 岁）	走跑类，跑步机，3.2×4.8km/h	ICC	手腕左	手动计数	＜ 0.17	低
	smartphone（Moves）	31 名健康人（32±12 岁）	走跑类，跑步机，3.2×4.8×6.4km/h	ICC	口袋	手动计数	＜ 0.37	低
	StepWatch	166 位中风住院病人（26 ～ 98 岁）	走跑类，跑步机，走	ICC	脚踝	手动计数	0.98（0.98 ～ 0.99）	高
	Stepwatch Activity Monitor	32 名老人（78.1±7.8 岁）	走跑类，地面，拄拐与不拄拐，长距离和短距离	ICC	脚踝优侧	视频记录	0.9	高
	Yamax Digiwalker SW–701 pedometer	43 名大学生（20.9±2.1 岁）	走跑类，跑步机，3.2×4×4.8km/h	ICC	腰髋部	手动计数	0.28 ～ 0.99	低
	Yamax Digiwalker SW–701 pedometer	43 名大学生（20.9±2.1 岁）	走跑类，跑步机，5.6×6.4km/h	ICC	腰髋部	手动计数	0.97 ～ 0.99	高
	Yamax PW/EX–510	63 名健康成人（45.8±20.6 岁）	走跑类，地面，三速行走 120m	APE	腰髋部	视频记录	1.2 ～ 5.8	中
	Yamax PW/EX–510	63 名健康成人（45.8±20.6 岁）	走跑类，地面，三速行走 120m	APE	口袋右	视频记录	1.2 ～ 6.3	中
	Yamax PW/EX–510	63 名健康成人（45.8±20.6 岁）	走跑类，地面，三速行走 120m	APE	腰髋部	视频记录	1.3 ～ 6.8	中
	Yamax PW/EX–510	63 名健康成人（45.8±20.6 岁）	走跑类，地面，三速行走 120m	APE	腰髋部	视频记录	1.4 ～ 6.9	中

续表

指标	设备名称	研究对象	身体活动类型	主要统计方法	佩戴位置	金标准	具体值	等级
	Yamax PW/EX–510	63 名健康成人（45.8±20.6 岁）	走跑类，地面，三速行走 120m	APE	腰髋部	视频记录	1.5 ～ 9.1	中
	Yamax PW/EX–510	63 名健康成人（45.8±20.6 岁）	走跑类，地面，三速行走 120m	APE	口袋左	视频记录	1.7 ～ 4.5	中
	Yamax PW/EX–510	63 名健康成人（45.8±20.6 岁）	走跑类，地面，三速行走 120m	APE	颈部	视频记录	1.8 ～ 9.0	中
蹬踏次数								
	ActiGraph GT3X+	22 名健康成人（21 ～ 29 岁）	骑行类，功率自行车，50 ～ 200W，80 圈 / 分	Person	大腿	视频记录	＞ 0.99	高
	ActiGraph GT3X+	22 名健康成人（21 ～ 29 岁）	骑行类，功率自行车，50 ～ 200W，80 圈 / 分	Person	小腿	视频记录	＞ 0.99	高
	ActiGraph GT3X+	22 名健康成人（21 ～ 29 岁）	骑行类，功率自行车，50 ～ 200W，80 圈 / 分	Person	腰髋部	视频记录	0.18	低
动作识别								
	ActiGraph GT3X	9 名肥胖儿童（10 ～ 17 岁）	综合类，坐立转换	ICC	手腕非优	直接观察	0	低
	ActiGraph GT3X	9 名肥胖儿童（10 ～ 17 岁）	综合类，坐立转换	ICC	腰髋部	直接观察	0.01	低
	Actigraph GT3X	30 名健康人年龄符合特定标准	综合类，坐立转换	Kappa	腰髋部	视频记录	0.21	中

续表

指标	设备名称	研究对象	身体活动类型	主要统计方法	佩戴位置	金标准	具体值	等级
	Actigraph GT3X	30 名健康人年龄符合特定标准	综合类，坐立转换	Kappa	脚踝	视频记录	0.43	中
	ActivPAL Micro	9 名肥胖儿童（10 ～ 17 岁）	综合类，坐立转换	ICC	腰髋部	直接观察	0.26	低
	DynaPort MoveMonitor	18 名脆弱老人（83.4±5.0 岁）	综合类，坐立躺行转换	Kappa	腰髋部	直接观察	0.66	低
（加）速度								
	PUSH wearable band	10 名体育系健康男性（23.4±5.2 岁）	力量练习，半深蹲 20 ～ 85% 最大力量	ICC	前臂	传感器	0.944	高
	SPI–HPU	13 名英式橄榄球队员（23.9±2.2 岁）	走跑类，地面，全力跑	CV	背部	计时门	＞ 20.17	低
	PUSH wearable band	10 名体育系健康男性（23.4±5.2 岁）	力量练习，半深蹲 20 ～ 85% 最大力量	ICC	前臂	传感器	0.907，	高
	SPI–HPU	13 名英式橄榄球队员（23.9±2.2 岁）	走跑类，地面，全力跑	CV	背部	计时门	＞ 20.01	低
能耗								
	Actigraph GT1M	32 名健康儿童（9 ～ 11 岁）	综合类，力量游戏	CC	腰髋部	气体分析	0.21	低
	Actigraph GT1M	32 名健康儿童（9 ～ 11 岁）	综合类，耐力游戏	CC	腰髋部	气体分析	0.48	低
	ActiGraph GT3X	19 名健康成人（21 ～ 50 岁）	综合类，日常生活	Spearman	腰髋部	双标水法	0.8	高
	ActiGraph GT3X	19 名健康成人（21 ～ 50 岁）	综合类，模拟日常	Spearman	腰髋部	代谢室	0.88	高

续表

指标	设备名称	研究对象	身体活动类型	主要统计方法	佩戴位置	金标准	具体值	等级
	ActiGraph GT3X	20 名在校大学生（男 22.4±2.1 女 20.5±0.7 岁）	综合类，日常生活	PE	腰髋部	气体分析	−50.79±13.28	低
	ActiGraph GT3X+	51 名健康人（20 ～ 30 岁）	走跑类，跑步机，3×4.5×4.5（10% 坡度）×6×7.5km/h	PE	腰髋部	气体分析	−66.95 ～ −21.18	低
	Basis Peak	28 名健康成人（25.5±3.7 岁）	综合类，模拟日常	MAPE	手腕非优	气体分析	−27.2	低
	Epson Pulsense	19 名健康成人（21 ～ 50 岁）	综合类，模拟日常	Spearman	手腕	代谢室	0.71	高
	Epson Pulsense	19 名健康成人（21 ～ 50 岁）	综合类，日常生活	Spearman	手腕	双标水法	0.82	高
	Fitbit Charge HR	95 名健康成人（19 ～ 69 岁）	综合类，日常生活	MAPE	手腕左	SWA	16.2	低
	Fitbit Charge HR	32 名健康人（23.5 ±1.3 岁）	综合类，模拟日常	MAPE	手腕非优	气体分析	43.7±3.4	低
	Fitbit Flex	95 名健康成人（19 ～ 69 岁）	综合类，日常生活	MAPE	手腕左	SWA	15.5	低
	Fitbit Flex	19 名健康成人（21 ～ 50 岁）	综合类，日常生活	Spearman	手腕	双标水法	0.84	高
	Fitbit Flex	19 名健康成人（21 ～ 50 岁）	综合类，模拟日常	Spearman	手腕	代谢室	0.94	高
	Garmin Forerunner920XT	20 名健康人（23.90±1.92 岁）	走跑类，跑步机	MAPE	手腕	气体分析	11.54 ～ 49.30	低
	Garmin VivoFit	95 名健康成人（19 ～ 69 岁）	综合类，日常生活	MAPE	手腕左	SWA	24.50	低
	Garmin Vivofit	19 名健康成人（21 ～ 50 岁）	综合类，日常生活	Spearman	手腕	双标水法	0.85	高
	Garmin Vivofit	19 名健康成人（21 ～ 50 岁）	综合类，模拟日常	Spearman	手腕	代谢室	0.9	高

续表

指标	设备名称	研究对象	身体活动类型	主要统计方法	佩戴位置	金标准	具体值	等级
	Garmin Vivofit	28 名健康成人（25.5±3.7 岁）	综合类，模拟日常	MAPE	手腕非优	气体分析	-44.6	低
	Hexoskin	32 名健康人（23.5±1.3 岁）	综合类，模拟日常	MAPE	穿着类	气体分析	27.9±2.7	低
	Jawbone UP	95 名健康成人（19 ～ 69 岁）	综合类，日常生活	MAPE	手腕左	SWA	22.80	低
	Jawbone UP24	19 名健康成人（21 ～ 50 岁）	综合类，日常生活	Spearman	手腕	双标水法	0.81	高
	Jawbone UP24	19 名健康成人（21 ～ 50 岁）	综合类，模拟日常	Spearman	手腕	代谢室	0.89	高
	Misfit Shine	95 名健康成人（19 ～ 69 岁）	综合类，日常生活	MAPE	手腕左	SWA	15.2	低
	Misfit Shine	19 名健康成人（21 ～ 50 岁）	综合类，日常生活	Spearman	手腕	代谢室	0.84	高
	Misfit Shine	19 名健康成人（21 ～ 50 岁）	综合类，日常生活	Spearman	手腕	双标水法	0.85	高
	Nike+FuelBand SE	95 名健康成人（19 ～ 69 岁）	综合类，日常生活	MAPE	手腕左	SWA	16.1	低
	Omron Active Style Pro	19 名健康成人（21 ～ 50 岁）	综合类，日常生活	Spearman	腰髋部	双标水法	0.88	高
	Omron Active Style Pro	19 名健康成人（21 ～ 50 岁）	综合类，模拟日常	Spearman	腰髋部	代谢室	0.92	高
	Omron CaloriScan	19 名健康成人（21 ～ 50 岁）	综合类，日常生活	Spearman	口袋	双标水法	0.88	高
	Omron CaloriScan	19 名健康成人（21 ～ 50 岁）	综合类，模拟日常	Spearman	口袋	代谢室	0.93	高
	Panasonic Actimarker	19 名健康成人（21 ～ 50 岁）	综合类，日常生活	Spearman	腰髋部	双标水法	0.85	高

续表

指标	设备名称	研究对象	身体活动类型	主要统计方法	佩戴位置	金标准	具体值	等级
	Panasonic Actimarker	19 名健康成人（21 ～ 50 岁）	综合类，模拟日常	Spearman	腰髋部	代谢室	0.92	高
	Polar	32 名儿童（9 ～ 11 岁）	综合类，力量游戏	CC	胸部	气体分析	0.48	低
	Polar	32 名儿童（9 ～ 11 岁）	综合类，耐力游戏	CC	胸部	气体分析	0.71	中
	Polar Loop	95 名健康成人（19 ～ 69 岁）	综合类，日常生活	MAPE	手腕左	SWA	13	低
	Polar V800	20 名健康人（23.90±1.92 岁）	走跑类，跑步机，30%×50%×70%×90%×110% VO2peak	MAPE	手腕	气体分析	10.09 ～ 39.52	低
	Suunto Ambit2	20 名健康人（23.90±1.92 岁）	走跑类，跑步机，30%×50%×70%×90%×110% VO2peak	MAPE	手腕	气体分析	21.3 ～ 41.93	低
	Suzuken Lifecorder EX	19 名健康成人（21 ～ 50 岁）	综合类，日常生活	Spearman	腰髋部	双标水法	0.83	高
	Suzuken Lifecorder EX	19 名健康成人（21 ～ 50 岁）	综合类，模拟日常	Spearman	腰髋部	代谢室	0.93	高
	Tanita AM-160	19 名健康成人（21 ～ 50 岁）	综合类，日常生活	Spearman	口袋	双标水法	0.85	高
	Tanita AM-160	19 名健康成人（21 ～ 50 岁）	综合类，模拟日常	Spearman	口袋	代谢室	0.92	高
	TomTomSpark Cardio	50 名健康成人（38±12 岁）	综合类，模拟日常	林氏系数	手腕	心电图	0.83	高
	Withings Pulse	28 名健康成人（25.5±3.7 岁）	综合类，模拟日常	MAPE	腰髋部	气体分析	-40.3	低

续表

指标	设备名称	研究对象	身体活动类型	主要统计方法	佩戴位置	金标准	具体值	等级
	Withings Pulse	28 名健康成人（25.5±3.7 岁）	综合类，模拟日常	MAPE	衣领	气体分析	-41.4	低
	Withings Pulse	28 名健康成人（25.5±3.7 岁）	综合类，模拟日常	MAPE	手腕	气体分析	-63.7	低
	Withings Pulse O2	19 名健康成人（21 ～ 50 岁）	综合类，日常生活	Spearman	手腕	双标水法	0.82	高
	Withings Pulse O2	19 名健康成人（21 ～ 50 岁）	综合类，模拟日常	Spearman	手腕	代谢室	0.88	高
	咕咚	21 名健康成人（22 ～ 27 岁）	走跑类，跑步机 4×6.4×8km/h	Person	手腕	气体分析	-0.12	低
	华为	21 名健康成人（22 ～ 27 岁）	走跑类，跑步机 4×6.4×8km/h	Person	手腕	气体分析	0.17 ～ 0.45	低
	小米	21 名健康成人（22 ～ 27 岁）	走跑类，跑步机 4×6.4×8km/h	Person	手腕	气体分析	0.12 ～ 0.53	低
时长								
	ActiGraph GT3X	20 名大学生（男 22.4±2.1 女 20.5±0.7 岁）	综合类，日常生活	PE	腰髋部	气体分析	2.05–213.5 分钟	低
	Basis Peak	28 名健康成人（25.5±3.7 岁）	骑行类，地面	准确率	手腕非优	直接观察	40.4	低
	Basis Peak	28 名健康成人（25.5±3.7 岁）	走跑类，地面，走	准确率	手腕非优	直接观察	100	高
	Basis Peak	28 名健康成人（25.5±3.7 岁）	走跑类，地面，跑	准确率	手腕非优	直接观察	94.7	高
	Basis Peak	28 名健康成人（25.5±3.7 岁）	骑行类，功率自行车	准确率	手腕非优	直接观察	0	低

续表

指标	设备名称	研究对象	身体活动类型	主要统计方法	佩戴位置	金标准	具体值	等级
	Basis Peak	28 名健康成人（25.5±3.7 岁）	走跑类，跑步机，走	准确率	手腕非优	直接观察	92.9	高
时长（睡眠）								
	Fitbit Charge HR	95 名健康成人（19～69 岁）	综合类，日常生活	MAPE	手腕左	日记	11.5	低
	Fitbit Flex	95 名健康成人（19～69 岁）	综合类，日常生活	MAPE	手腕左	日记	8.8	中
	Garmin VivoFit	95 名健康成人（19～69 岁）	综合类，日常生活	MAPE	手腕左	日记	4	高
	Jawbone UP	95 名健康成人（19～69 岁）	综合类，日常生活	MAPE	手腕左	日记	10.2	低
	Misfit Shine	95 名健康成人（19～69 岁）	综合类，日常生活	MAPE	手腕左	日记	12.9	低
	Nike+FuelBand SE	95 名健康成人（19～69 岁）	综合类，日常生活	MAPE	手腕左	日记	4	高
	Polar Loop	95 名健康成人（19～69 岁）	综合类，日常生活	MAPE	手腕左	日记	17.5	低
	SenseWear Armband Mini	95 名健康成人（19～69 岁）	综合类，日常生活	MAPE	手腕左	日记	21.6	低
心率								
	Apple Watch	50 名健康成人（38±12 岁）	综合类，模拟日常	林氏系数	手腕	心电图	0.92	高
	Apple Watch	50 名健康成年人（37±11.3 岁）	走跑类，跑步机，0×2×3×4，5×6mph	CC	手腕	心电图	0.91	高
	Armour39	75 名健康男性（23±4 岁）	骑行类，功率自行车	Person	不确定	心电图	≥ 0.99	高
	Basis Peak	50 名健康成年人（37±11.3 岁）	走跑类，跑步机，0×2×3×4，5×6mph	CC	手腕	心电图	0.83	高
	Basis Peak	40 名健康成人（30～65 岁）	走跑类，跑步机，跑	BA	手腕	心电图	1.0（17.1～22.6）	低
	Basis Peak	40 名健康成人（30～65 岁）	走跑类，跑步机	BA	手腕	心电图	1.0（−27.1～29.2）	低
	Basis Peak	40 名健康成人（30～65 岁）	静止类，静坐	BA	手腕	心电图	2.8（−17.1～22.6）	低

续表

指标	设备名称	研究对象	身体活动类型	主要统计方法	佩戴位置	金标准	具体值	等级
	Fitbit Blaze	50 名健康成人（38±12 岁）	综合类，模拟日常	林氏系数	手腕	心电图	0.67	低
	Fitbit Charge	40 名健康成人（30 ~ 65 岁）	走跑类，跑步机，跑，65% 最大心率	BA	手腕	心电图	-2.5（10.5 ~ 9.2）	低
	Fitbit Charge	40 名健康成人（30 ~ 65 岁）	静止类，静坐	BA	手腕	心电图	-0.7（-10.5 ~ 9.2）	中
	Fitbit Charge	40 名健康成人（30 ~ 65 岁）	走跑类，跑步机	BA	手腕	心电图	-2.5（-41.0 ~ 36.0）	低
	Fitbit Charge HR	50 名健康成年人（37±11.3 岁）	走跑类，跑步机，0×2×3×4，5×6mph	CC	手腕	心电图	0.91	高
	Fitbit Charge HR	32 名健康人（23.5±1.3 岁）	综合类，模拟日常	MAPE	手腕非优	心电图	6.6±0.6	高
	Fitbit Surge	40 名健康成人（3 ~ 65 岁）	走跑类，跑步机，跑，65% 最大心率	BA	手腕	心电图	2.1（5.1 ~ 4.5）	低
	Fitbit Surge	40 名健康成人（30 ~ 65 岁）	走跑类，跑步机	BA	手腕	心电图	2.1（-34.8 ~ 39.0）	低
	Fitbit Surge	40 名健康成人（30 ~ 65 岁）	静止类，静坐	BA	手腕	心电图	-0.3（-5.1 ~ 4.5）	高
	Garmin Forerunner 235	50 名健康成人（38±12 岁）	综合类，模拟日常	林氏系数	手腕	心电图	0.81	高
	Hexoskin	32 名健康人（23.5±1.3 岁）	综合类，模拟日常	MAPE	穿着类	心电图	2.7（0.3）	高
	Mio Alpha	50 名健康成年人（37±11.3 岁）	走跑类，跑步机，从安静到2×3×4，5×6mph	CC	手腕	心电图	0.84	高
	Mio Fuse	40 名健康成人（30 ~ 65 岁）	走跑类，跑步机，跑，65% 最大心率	BA	手腕	心电图	1.8（7.8 ~ 9.9）	低
	Mio Fuse	40 名健康成人（30 ~ 65 岁）	走跑类，跑步机	BA	手腕	心电图	1.8（-22.5-26.0）	低
	Mio Fuse	40 名健康成人（30 ~ 65 岁）	静止类，静坐	BA	手腕	心电图	1.0（-7.8 ~ 9.9）	中

续表

指标	设备名称	研究对象	身体活动类型	主要统计方法	佩戴位置	金标准	具体值	等级
	Polar H7	50 名健康成人（38±12 岁）	走跑类，跑步机，0×2×3×4×5×6mph	林氏系数	胸部	心电图	0.99	高
	Polar M600 Sport Watch	36 名成人（40.5±9.6 岁）	力量练习	准确率	手腕左	心电图	34.5	低
	Polar M600 Sport Watch	36 名成人（40.5±9.6 岁）	走跑类，跑步机	准确率	手腕左	心电图	81	低
	Polar M600 Sport Watch	36 名成人（40.5±9.6 岁）	骑行类，功率自行车	准确率	手腕左	心电图	91.8	高
	Scosche Rhythm+	50 名健康成人（38±12 岁）	骑行类，功率自行车，25×55×125W	林氏系数	前臂	心电图	0.75	低
	smartphone	16 名心脏病病人（55.94±9.05 岁）	走跑类，跑步机	ICC	手持	心电图	＞0.94	高

注：PE（percent error）：误差百分比，APE（absolute percent error）：误差百分比绝对值，MAPE（mean absolute percent error）：平均绝对百分比误差，以上皆为百分率；ME（mean error）误差平均值，MD（mean different）：平均差，表述方式（或）± 标准差，负值为低估，正值为高估，单位与分析指标对应；BA（bland-altman）：表述方式 mean bias（low ～ high），单位与分析指标对应，如心率为“次 / 分”；ICC（intraclass correlation coefficient）：组内相关系数；RC（repetition coefficient）：重复系数；spearman：斯皮尔曼系数；person：皮尔森系数；CC（Correlation coefficient）：相关系数；CV（Coefficient of Variation）：变异系数；kappa：卡帕系数；研究对象：健康脆弱老人是指，根据特定的标准，将健康老年人分为脆弱与非脆弱两类。身体活动类型：若在原研究中涉及多种活动类型，而且表明了各类型活动的综合效度，则只对综合效度进行记录，若只有各项效度数据，则分别对每项效度进行记录。“模拟日常”指研究对象完成实验规定的活动模拟日常生活，以区别真正的日常生活。主要统计方法：原研究中涉及多种统计学方法的，优先选择有明确数值和对效度有明确评价的方法，若有多种方法满足此标准，则选取效度研究中优先等级更高的方法。佩戴位置：佩戴位置列中“非优”指非优势侧，效度等级：分高、中、低三类，所有评价均依据原有研究中的评价指标。

附录四　德尔菲问卷

基于可穿戴智能设备的初中体育课测评体系构建与应用专家评价表（第一轮）

尊敬的专家

您好！

非常感谢您参与“基于可穿戴智能设备的初中体育课测评体系”构建专家调查问卷。该研究工作期望建立基于可穿戴智能设备的体育课测评体系，为体育课测评提供更加方便的工具，以求更加客观地反映体育课的质量，从而为学校体育及相关决策部门了解体育课现状，制定相关政策提供依据。

目前，研究团队在查阅国内外相关文献和多次会议讨论以后，初步确立了某些评估指标的构成。为使指标体系更加科学有效，研究团队诚挚地邀请您共同为“指标体系初稿”的选择与构建把关。

为答谢您花费宝贵时间参与本调查，我们将按照您参与的轮次支付相应咨询费用，为保障支付顺畅，请您仔细填写以下信息，我们将对您的信息严格保密，问卷内容仅用于科研。

再次感谢您的大力支持！祝您身体健康，工作愉快！

电子问卷二维码：

电子问卷网址：https：//www……

一、专家基本信息

您的姓名	
您的身份证号码	
您的开户银行	
您的银行卡号	
您的银行卡开户城市	
您的报税地址	
您的手机号码	

1. 您对体育课程评价的熟悉程度：

A. 十分熟悉　B. 比较熟悉　C. 一般熟悉　D. 不太熟悉　E. 完全不懂

2. 您对可穿戴智能设备测评应用的（体育相关）熟悉程度：

A. 十分熟悉　B. 比较熟悉　C. 一般熟悉　D. 不太熟悉　E. 完全不懂

3. 您对此次评价体系中的指标判断依据主要来源：（请在对应位置画‘√’）

指标判断依据	依据程度		
	高	中	低
实践经验			
理论分析			
同行了解			
直观选择			

二、基本部分

1. 以下为常见的可穿戴智能设备功能。当以可穿戴智能设备测评体育课时，您认为以下哪些功能对于评价体育课程来说是有用的（请在对应位置画‘√’）。不确定请选无用。

序号	功能名称	指标简介	1	0
			有用	无用
1	MVPA 占比	某段时间 MVPA 占比		
2	练习密度	主体某段时间的练习密度		
3	平均心率指数	某段时间的平均心率指数		
4	心率曲线	识别心率曲线是否递增类型		
5	过高心率预警	心率指数过高并持续过久预警		

续表

序号	功能名称	指标简介	1	0
			有用	无用
6	即刻心率	显示即刻的心率		
7	配速识别	位移的速度		
8	动作识别	识别主体走、跑、骑行等		
9	久坐提醒	保持静态一定时间产生提示		
10	能量消耗	估算身体能耗		
11	步数	某段时间的走和跑的步数		
12	运动距离	位移距离		
13	步频	某段时间的步频		
14	呼吸频率	每分钟的呼吸次数		
15	攀爬高度	显示登山的高度		
16	电话信息接收	接收电话和信息		
17	睡眠时长	睡眠的时间长度		
18	饮食跟踪	对食物所含能耗粗略估算		
19	拍照	/		
20	音乐播放	/		
21	闹钟	定时提醒		
22	计时	/		
23	体温计量	计量即刻体温		
24	时间显示	/		
您的其他建议？				

2. 您认为以下一级指标对于测评体育课的质量来说是否应该纳入？

序号	一级指标	1	0
		纳入	不纳入
1	学生学习		
2	教师教学		
您的建议？			

3. 您认为以下二级指标对于测评体育课的质量来说是否应该纳入？

一级指标	序号	二级指标	1	0
			纳入	不纳入
学生学习	1	完成课程内容质量		
	2	技能发展		
	3	上课积极投入		
	4	体能发展		
	5	生理负荷适宜		
	6	练习密度合理		
	7	负荷强度适宜		
	8	情感陶冶		
	9	运动知识掌握		
	10	意志品质发展		
您的建议？				
教师教学	11	课程内容安排合理		
	12	教学步骤清楚		
	13	充分利用时间		
	14	调动学生积极性		
	15	教学方法合理		
	16	教材搭配合理		
	17	课堂常规落实到位		
	18	师范讲解到位		
	19	保护帮助到位		
	20	教学原则运用		
	21	教案质量		
	22	仪表教态		
	23	器材设备准备		
	24	教学目标突出		
您的建议？				

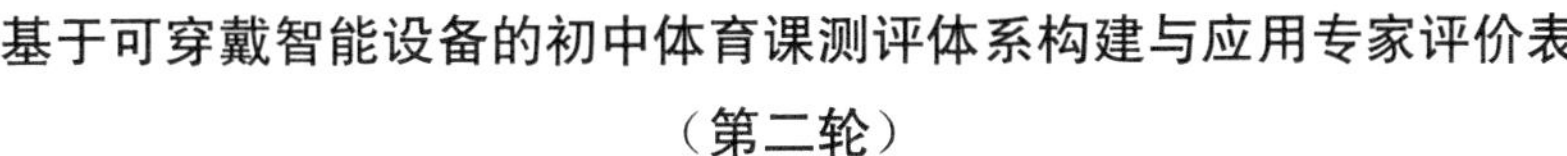

基于可穿戴智能设备的初中体育课测评体系构建与应用专家评价表（第二轮）

尊敬的专家

您好！

您参与的“基于可穿戴智能设备的初中体育课测评体系构建”测评工具第一轮调查已经结束。第一轮测试开始时间是 2019 年 11 月 5 号，结束时间是为 2019 年 11 月 19 日，共持续 14 天。下面就第一轮专家意见汇总结果向您反馈。并就开展第二轮调查。

一、专家意见反馈

1. 专家积极系数

第一轮专家评价发出咨询表 16 份，回收 15 份，回收率 93.8%。专家关心本研究，参与的积极程度高。

2. 专家意见权威系数

经计算本调查专家的权威系数较高，仅有一位专家系数为 0.5，其他专家均高于 0.5。

3. 第一轮调查结果如下

有研究指出，入选率≤ 40% 的指标可以删除，因此，“音乐播放”与“来电提醒”“饮食跟踪”与“拍照”功能予以排除。入选率≥ 70% 的指标可以直接入选，所以“配速识别”“动作识别”“久坐提醒”“即刻心率”“总能耗”“步数”“计时”“平均心率”“心率曲线”“过高心率预警”“运动强度”“运动时长”“运动密度”“运动时间”可直接入选。入选率处于 40-70% 之间的需要经过进一步的讨论咨询确定。本研究是对体育课课堂进行测评，体育课的开展处于课堂条件下，所以没有登高、睡眠与饮食内容，因此“睡眠时长”“攀爬高度”予以删除。

二、基本部分

以下为常见的可穿戴智能设备功能。当以可穿戴智能设备测评体育课时，您认为以下哪些功能对于评价体育课程来说是有用的（请在对应位置画‘√’）。不确定请选无用。

1. 第一轮专家意见统计结果

序号	功能	指标简介	入选率	处理
1	MVPA 占比	某段时间 MVPA 占比	100.0%	保留
2	练习密度	主体某段时间的练习密度	100.0%	保留
3	平均心率指数	某段时间的平均心率指数	93.3%	保留
4	心率曲线	识别心率曲线是否递增类型	93.3%	保留
5	过高心率预警	心率指数过高并持续则预警	93.3%	保留
6	即刻心率	显示即刻的心率	80.0%	保留
7	配速识别	位移的速度	73.3%	保留
8	动作识别	识别主体走、跑、骑行等	73.3%	保留
9	久坐提醒	保持静态一定时间产生提示	73.3%	保留
10	能量消耗	估算身体能耗	66.7%	保留
11	步数	某段时间的走和跑的步数	60.0%	删除
12	运动距离	某段时间位移距离	60.0%	保留
13	步频	某段时间的步频	60.0%	保留
14	呼吸频率	每分钟的呼吸次数	60.0%	保留
15	攀爬高度	显示登山的高度	46.7%	删除
17	电话信息接收	接收电话和信息	40.0%	删除
18	睡眠时长	睡眠的时间长度	40.0%	删除
19	饮食跟踪	对食物所含能耗粗略估算	40.0%	删除
20	拍照	/	40.0%	删除
21	音乐播放	/	26.7%	删除
16	闹钟	定时提醒	20.0%	删除
22	计时	/	20.0%	删除
23	体温计量	计量即刻体温	20.0%	删除
24	时间显示	/	20.0%	删除

2. 您认为以下一级指标对于测评体育课的质量来说是否应该纳入？

序号	一级指标	第一轮入选率	1	0
			纳入	不纳入
1	学生学习	100%		
2	教师教学	100%		
其他意见：				

3. 您认为以下二级指标对于测评体育课的质量来说是否应该纳入？

<table>
<tr><td rowspan="2">一级指标</td><td rowspan="2">序号</td><td rowspan="2">二级指标</td><td rowspan="2">第一轮结果（入选率）</td><td>1</td><td>0</td></tr>
<tr><td>纳入</td><td>不纳入</td></tr>
<tr><td rowspan="10">学生学习</td><td>1</td><td>负荷强度适宜</td><td>100.0</td><td></td><td></td></tr>
<tr><td>2</td><td>练习密度合理</td><td>93.3</td><td></td><td></td></tr>
<tr><td>3</td><td>完成课程质量</td><td>93.3</td><td></td><td></td></tr>
<tr><td>4</td><td>技能得以发展</td><td>86.7</td><td></td><td></td></tr>
<tr><td>5</td><td>体能得以发展</td><td>80.0</td><td></td><td></td></tr>
<tr><td>6</td><td>上课积极投入</td><td>73.3</td><td></td><td></td></tr>
<tr><td>7</td><td>运动知识掌握</td><td>66.7</td><td></td><td></td></tr>
<tr><td>8</td><td>意志品质发展</td><td>60.0</td><td></td><td></td></tr>
<tr><td>9</td><td>情感得以陶冶</td><td>53.3</td><td></td><td></td></tr>
<tr><td></td><td></td><td></td><td></td><td></td></tr>
<tr><td colspan="6">您认为还应纳入哪些指标？</td></tr>
<tr><td rowspan="14">教师教学</td><td>11</td><td>充分利用时间</td><td>100.0</td><td></td><td></td></tr>
<tr><td>12</td><td>保护帮助到位</td><td>100.0</td><td></td><td></td></tr>
<tr><td>13</td><td>教学目标突出</td><td>93.3</td><td></td><td></td></tr>
<tr><td>14</td><td>调动学生积极性</td><td>93.3</td><td></td><td></td></tr>
<tr><td>15</td><td>示范讲解到位</td><td>86.7</td><td></td><td></td></tr>
<tr><td>16</td><td>内容安排合理</td><td>86.7</td><td></td><td></td></tr>
<tr><td>17</td><td>教材搭配合理</td><td>73.3</td><td></td><td></td></tr>
<tr><td>18</td><td>教学原则运用</td><td>73.3</td><td></td><td></td></tr>
<tr><td>19</td><td>器材设备准备</td><td>73.3</td><td></td><td></td></tr>
<tr><td>20</td><td>教学步骤清楚</td><td>66.7</td><td></td><td></td></tr>
<tr><td>21</td><td>课堂常规落实</td><td>66.7</td><td></td><td></td></tr>
<tr><td>22</td><td>区别对待</td><td>53.3</td><td></td><td></td></tr>
<tr><td>23</td><td>仪表教态</td><td>86.7</td><td></td><td></td></tr>
<tr><td>24</td><td>全面照顾</td><td>46.7</td><td></td><td></td></tr>
<tr><td></td><td>25</td><td>教案质量</td><td>46.7</td><td></td><td></td></tr>
<tr><td colspan="6"></td></tr>
<tr><td rowspan="2">考虑新增项</td><td>1</td><td>及时反馈</td><td>13.3</td><td></td><td></td></tr>
<tr><td>2</td><td>现代技术应用</td><td>13.3</td><td></td><td></td></tr>
<tr><td colspan="6">您的其他意见：</td></tr>
</table>

4. 您认为左侧的二级指标，可以用右侧“可穿戴智能设备的哪些功能”来体现或反映，请在对应功能下打“√”（最多 4 项）？若您认为左侧指标无法通过可穿戴智能设备功能反映，请在“无法反映”下“√”。如，您认为“XX 指标”可以通过“MVPA 占比”与“平均心率”联合反映，则勾选“MVPA 占比”与“平均心率”；若认为无法反映，则勾选“无法反映”。

一级	二级	MVPA 占比	平均心率指数	练习密度	过高心率预警	心率曲线	动作识别	配速识别	久坐提醒	步数	步频	能量消耗	即刻心率	呼吸频率	运动距离	无法反映
学生学习	定时定量完成课程任务															
	技能得以发展															
	体能得以发展															
	上课积极投入															
	生理负荷适宜															
	练习密度合理															
	负荷强度适宜															
	意志品质发展															
	情感陶冶															
	运动知识掌握															
教师教学	充分利用时间															
	教材搭配合理															
	保护帮助到位															
	教学方法合理															
	课程内容安排合理															

续表

一级	二级	MVPA占比	平均心率指数	练习密度	过高心率预警	心率曲线	动作识别	配速识别	久坐提醒	步数	步频	能量消耗	即刻心率	呼吸频率	运动距离	无法反映
教师教学	教学目标突出															
	调动学生积极性															
	示范讲解到位															
	教学原则运用															
	器材设备准备															
	教学步骤清楚															
	课堂常规落实到位															
	区别对待															
	仪表教态															
	全面照顾															
	教案质量															
教学环境	/															
其他意见或建议：																

基于可穿戴智能设备的初中体育课测评体系构建与应用专家评价表

（第三轮）

尊敬的专家

您好！

您参与的“基于可穿戴智能设备的中学体育课测评体系”构建第二轮调查已经结束。第二轮测试开始时间是 2019 年 12 月 5 号，结束时间是为 2019 年 12 月 29 日，共持续 14 天。下面就第二轮专家意见汇总结果向您反馈。

您的姓名：__________

一、第二轮指标与功能的对应情况反馈与调查

1．如下表所示，若≥ 70% 以上的专家认为该指标“无法反映”则删除该项，同时没有任何一项指标≥ 40% 也认为该指标无法以可穿戴设备来反映，也删除该项。该轮次仅对≥ 40% 但＜ 70 的项目进行咨询。第二轮调查中无人选择的项目已删除，仅保留至少被选择一次的条目。赞成率为选择该项的专家数 / 专家总数。认可率 =100% –“无法反映”该指标的比率。处理结果如下。

编号	指标名称	个案数	认可率	处理
1	仪表教态	14	6.70%	剔除
2	教学原则运用	14	6.70%	剔除
3	教案质量	13	13.30%	剔除
4	运动知识掌握	13	13.30%	剔除
5	器材设备准备	13	13.30%	剔除
6	课堂常规落实到位	13	13.30%	剔除
7	示范讲解到位	13	13.30%	剔除
8	教学步骤清楚	12	20.00%	剔除
9	教学目标突出	11	26.70%	剔除
10	技能发展	8	46.70%	剔除
11	意志品质发展	7	53.30%	剔除
12	保护帮助到位	7	53.30%	剔除
13	全面照顾	6	60.00%	保留
14	调动学生积极性	4	73.30%	保留
15	课程内容安排合理	3	80.00%	保留

续表

编号	指标名称	个案数	认可率	处理
16	区别对待	3	80.00%	保留
17	完成课程质量	1	93.30%	保留
18	充分利用时间	1	93.30%	保留
19	上课积极投入	0	100.00%	保留
20	体能得以发展	0	100.00%	保留
21	负荷强度合理	0	100.00%	保留
22	练习密度合理	0	100.00%	保留

2. 各指标专家意见反馈与调查，请在相应位置打钩“√”（只需填写待定项目）

“无法反映”选项≥70%与其他选项均＜40%的题项，默认为该项无法以可穿戴设备反映，做“删除”处理，仅对其他情况做意见调查。

指标名称	功能名称	专家意见	预处理	您的意见	
		赞成率/%		纳入	排除
教学步骤清楚	MVPA 占比	6.7	删除	/	/
	平均心率指数	13.3	删除	/	/
	练习密度	13.3	删除	/	/
	心率曲线	13.3	删除	/	/
	步频	6.7	删除	/	/
	过高心率预警	6.7	删除	/	/
	无法反映	53.3	删除	/	/
教学目标突出	MVPA 占比	6.7	删除	/	/
	平均心率指数	6.7	删除	/	/
	练习密度	13.3	删除	/	/
	心率曲线	6.7	删除	/	/
	动作识别	6.7	删除	/	/
	步频	6.7	删除	/	/
	总能耗	13.3	删除	/	/
	过高心率预警	6.7	删除	/	/
	无法反映	53.3	删除	/	/

续表

指标名称	功能名称	专家意见	预处理	您的意见	
		赞成率 /%		纳入	排除
充分利用时间	MVPA 占比	60.0	待定		
	平均心率指数	53.3	待定		
	练习密度	86.7	待定		
	心率曲线	46.7	待定		
	步数	6.7	删除	/	/
	步频	6.7	删除	/	/
	总能耗	13.3	删除	/	/
	运动距离	6.7	删除	/	/
	过高心率预警	6.7	删除	/	/
	无法反映	6.7	删除	/	/
调动学生积极性	MVPA 占比	60.0	待定		
	平均心率指数	60.0	待定		
	练习密度	60.0	待定		
	心率曲线	46.7	待定		
	动作识别	6.7	删除	/	/
	步数	6.7	删除	/	/
	步频	6.7	删除	/	/
	总能耗	6.7	删除	/	/
	运动距离	6.7	删除	/	/
	过高心率预警	6.7	删除	/	/
	无法反映	13.3	删除	/	/
内容安排合理	MVPA 占比	6.7	删除	/	/
	平均心率指数	66.7	待定		
	练习密度	60.0	待定		
	心率曲线达标率	46.7	待定		
	久坐提醒	13.3	删除	/	/
	步频	6.7	删除	/	/
	过高心率预警	13.3	删除	/	/
	无法反映	45.50	待定		

续表

指标名称	功能名称	专家意见	预处理	您的意见	
		赞成率 /%		纳入	排除
课堂常规落实	平均心率指数	6.7	删除	/	/
	练习密度	6.7	删除	/	/
	心率曲线	6.7	删除	/	/
	久坐提醒	6.7	删除	/	/
	步频	6.7	删除	/	/
	过高心率预警	6.7	删除	/	/
	无法反映	93.3	删除	/	/
示范讲解到位	平均心率指数	6.7	删除	/	/
	练习密度	6.7	删除	/	/
	心率曲线	6.7	删除	/	/
	动作识别	6.7	删除	/	/
	步频	6.7	删除	/	/
	过高心率预警	6.7	删除	/	/
	无法反映	93.3	删除	/	/
保护帮助到位	久坐提醒	6.7	删除	/	/
	即刻心率	6.7	删除	/	/
	过高心率预警	40.0	删除	/	/
	无法反映	60.0	待定		
教学原则运用	平均心率指数	6.7	删除	/	/
	练习密度	6.7	删除	/	/
	心率曲线	6.7	删除	/	/
	无法反映	93.3	删除	/	/
教案质量	平均心率指数	6.70	删除	/	/
	练习密度	13.3	删除	/	/
	心率曲线	6.70	删除	/	/
	动作识别	6.70	删除	/	/

续表

指标名称	功能名称	专家意见	预处理	您的意见	
		赞成率 /%		纳入	排除
	步频	6.70	删除	/	/
	总能耗	6.70	删除	/	/
	过高心率预警	6.70	删除	/	/
	无法反映	80.0	删除	/	/
仪表教态	MVPA 占比	6.70	删除	/	/
	无法反映	93.3	删除	/	/
器材设备准备	MVPA 占比	6.70	删除	/	/
	运动距离	6.70	删除	/	/
	无法反映	93.3	删除	/	/
全面照顾	MVPA 占比	13.3	删除	/	/
	平均心率指数	46.7	待定		
	练习密度	13.3	删除	/	/
	心率曲线	6.7	删除	/	/
	久坐提醒	6.7	删除	/	/
	步数	6.7	删除	/	/
	步频	6.7	删除	/	/
	运动距离	6.7	删除	/	/
	过高心率预警	13.3	删除	/	/
	无法反映	26.6	删除	/	/
区别对待	MVPA 占比	6.7	删除	/	/
	平均心率指数	46.7	待定		
	练习密度	6.7	删除	/	/
	心率曲线	13.3	删除	/	/
	动作识别	6.7	删除	/	/
	步频	6.7	删除	/	/
	即刻心率	6.7	删除	/	/
	呼吸频率	6.7	删除	/	/

 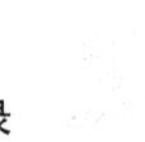

续表

指标名称	功能名称	专家意见	预处理	您的意见	
		赞成率 /%		纳入	排除
	运动距离	6.7	删除	/	/
	过高心率预警	66.7	待定		
	无法反映	13.3	删除	/	/
即时反馈	平均心率指数	3.80	删除	/	/
	练习密度	3.80	删除	/	/
	心率曲线	11.50	删除	/	/
	配速识别	3.80	删除	/	/
	久坐提醒	3.80	删除	/	/
	步频	3.80	删除	/	/
	即刻心率	11.50	删除	/	/
	呼吸频率	3.80	删除	/	/
	过高心率预警	26.90	删除	/	/
	无法反映	26.90	删除	/	/
现代技术应用	平均心率	4.30	删除	/	/
	练习密度	4.30	删除	/	/
	心率曲线	8.70	删除	/	/
	动作识别	4.30	删除	/	/
	步频	4.30	删除	/	/
	即刻心率	4.30	删除	/	/
	运动距离	4.30	删除	/	/
	过高心率预警	13.00	删除	/	/
	无法反映	52.20	删除	/	/
负荷强度适宜	平均心率指数	93.3	待定		
	心率曲线达标率	60.0	待定		
	MVPA 占比	53.3	待定		
	无法反映	6.7	删除	/	/
完成课程质量	平均心率指数	73.3	待定		

续表

指标名称	功能名称	专家意见	预处理	您的意见	
		赞成率 /%		纳入	排除
	练习密度	66.7	待定		
	心率曲线	40.0	待定		
	MVPA 占比	40.0	待定		
	无法反映	6.7	删除	/	/
技能得以发展	无法反映	93.3	删除	/	/
	平均心率指数	6.7	删除	/	/
体能得以发展	平均心率指数	100	待定		
	练习密度	80.0	待定		
	MVPA 占比	66.7	待定		
	心率曲线	46.7	待定		
课上积极投入	平均心率指数	93.3	待定		
	MVPA 占比	73.3	待定		
	练习密度	46.7	待定		
	无法反映	6.7	删除	/	/
运动知识掌握	无法反映	100	删除	/	/
意志品质发展	无法反映	100	删除	/	/

二、评价体育课效果和质量时，您认为一下指标的重要性如何，请您请选择相应选项。

1 为最重要

3 为很重要

5 为比较重要

7 为稍微重要

9 为不重要

2、4、6、8 为相邻标度之间的折中值。

1. 一级指标下的各项重要性计分

	1	2	3	4	5	6	7	8	9
教师教学									
学生学习									

2.“学生学习”下的各项指标重要性计分

	1	2	3	4	5	6	7	8	9
B11 负荷强度适宜									
B12 练习密度合理									
B13 完成课程质量									
B14 技能得以发展									
B15 体能得以发展									
B16 上课积极投入									
B17 运动知识掌握									
B18 意志品质发展									

3.“教师教学”指标下的各项重要性计分

	1	2	3	4	5	6	7	8	9
B21 充分利用时间									
B22 保护帮助到位									
B23 教学目标突出									
B24 调动学生积极性									
B25 示范讲解到位									
B26 内容安排合理									
B27 教学原则运用									
B28 器材设备准备									
B29 教学步骤清楚									
B30 课堂常规落实									
B31 区别对待									
B32 仪表教态									
B33 全面照顾									
B34 教案质量									

4. 非必答题：您认为“学生学习”指标下“课程完成质量”指标还可以用哪些可穿戴设备的功能来反映（限选 3 项）

	MVPA 占比	久坐提醒	过高心率预警	步数步频	都不能
完成课程质量					

5.“课程完成质量”指标下各项目重要性计分

	1	2	3	4	5	6	7	8	9
平均心率指数									
练习密度									
心率曲线									

6. 非必答题：您认为“学生学习”指标下“课上积极投入”指标还可以用哪些可穿戴设备的功能来反映（限选 3 项）

	平均心率指数	练习密度	MVPA 占比	心率曲线
课上积极投入				

7. 您认为“课上积极投入”指标下各项目重要性计分

	1	2	3	4	5	6	7	8	9
平均心率指数									
练习密度									
MVPA 占比									
心率曲线									

8. 非必答题：您认为“学生学习”指标下“体能得以发展”指标还可以用哪些可穿戴设备的功能来反映（限选 3 项）

	久坐提醒	过高心率预警	步数步频	都不能
体能得以发展				

9.“体能得以发展”指标下各项目重要性计分

	1	2	3	4	5	6	7	8	9
平均心率指数									
练习密度									
心率曲线									
MVPA 占比									

10. 非必答题：您认为“学生学习”指标下“负荷强度适宜”指标还可以用哪些可穿戴设备的功能来反映（限选 3 项）

	久坐提醒	过高心率预警	步数步频	练习密度	都不能
体能得以发展					

11.“负荷强度适宜”指标下各项目重要性计分

	1	2	3	4	5	6	7	8	9
平均心率指数									
MVPA 占比									
心率曲线									

12. 非必答题：您认为“学生学习”指标下“练习密度合理”指标还可以用哪些可穿戴设备的功能来反映（限选 3 项）

	MVPA 占比	平均心率指数	心率曲线	久坐提醒	步数步频	过高心率预警	都不能
练习密度合理							

13. 非必答题：您认为“教师教学”指标下“充分利用时间”指标还可以用哪些可穿戴设备的功能来反映（限选 3 项）

	久坐提醒	步数步频	过高心率预警	都不能
练习密度合理				

14.“充分利用时间”指标下各项目重要性计分

	1	2	3	4	5	6	7	8	9
练习密度									
MVPA 占比									
平均心率指数									
心率曲线									

15. 非必答题：您认为“教学教学”指标下“调动学生积极性”指标还可以用哪些可穿戴设备的功能来反映（限选 3 项）？

	久坐提醒	步数步频	过高心率预警	都不能
调动学生积极性				

16.“调动学生积极性”指标下各项目重要性计分

	1	2	3	4	5	6	7	8	9
练习密度									
MVPA 占比									
平均心率指数									

17. 非必答题：您认为“教学教学”指标下“全面照顾”指标还可以用哪些可穿戴设备的功能来反映（限选 3 项）

	MVPA 占比	练习密度	心率曲线	久坐提醒	步数步频	过高心率预警	都不能
全面照顾							

18.“全面照顾”指标下各项目重要性计分

	1	2	3	4	5	6	7	8	9
平均心率指数									

19. 非必答题：您认为“教师教学”指标下“区别对待”指标还可以用哪些可穿戴设备的功能来反映（限选 3 项）

	MVPA 占比	练习密度	心率曲线	久坐提醒	步数步频	都不能
区别对待						

20.“区别对待”指标下各项目重要性计分

	1	2	3	4	5	6	7	8	9
过高心率预警									
平均心率指数									

21. 非必答题：您认为“教师教学”指标下“内容安排合理”指标还可以用哪些可穿戴设备的功能来反映（限选 3 项）

	MVPA 占比	久坐提醒	步数步频	过高心率预警	都不能
内容安排合理					

22.“内容安排合理”指标下各项目重要性计分

	1	2	3	4	5	6	7	8	9
平均心率指数									
练习密度									
心率曲线									

参考文献

［1］陈佳．儿童身体活动测量方法研究进展［J］．中国儿童保健杂志，2012，20（8）：713-715.

［2］陈俊飞，汤强，严翊，等．常见便携式遥测气体代谢仪核心测量指标的信度和效度分析［J］．体育科研，2017，38（6）：67-73.

［3］陈小蓉，何嫚，张勤，等．我国体育非物质文化遗产综合评价体系的构建与应用［J］．体育科学，2017，37（5）：48-60.

［4］陈长洲，王红英，项贤林，等．改革开放 40 年我国青少年体质健康政策的回顾、反思与展望［J］．体育科学，2019，39（3）：38-47+97.

［5］戴剑松，李靖，顾忠科，等．步行和日常体力活动能量消耗的推算［J］．体育科学，2006，26（11）：91-5.

［6］杜栋，庞庆华，吴炎．现代综合评价方法与案例精选（第 3 版）［M］．清华大学出版社，2015.

［7］封顺天．可穿戴设备发展现状及趋势［J］．信息通信技术，2014，00（3）：52-57.

［8］冯三明，田文杰．传感器技术在可穿戴智能设备中的应用分析［J］．电子技术与软件工程，2015（17）：107.

［9］胡永红．有效体育教学的理论与实证研究［D］；福建师范大学，2009.

［10］胡月英，唐炎，陈佩杰，等．儿童青少年体育健身评估指标体系构建研究［J］．中国体育科技，2019，55（2）：29-36.

［11］季浏．体育与健康课程与教学论［M］．浙江教育出版社，2003.

［12］季浏．我国《普通高中体育与健康课程标准（2017 年版）》解读［J］．体育科学，2018，38（2）：3-20.

［13］金新政．多层次加权综合评价方法及应用［J］．医学教育，1994，（5）：11-15.

［14］蓝自力．对体育课质量评估指标体系的研究［J］．体育科学，1993，（5）：17-20+93.

[15] 李红娟，李新，王艳，等 . 北京市某初中 1 ～ 2 年级学生在校身体活动水平定量评估［J］. 卫生研究，2013，42（4）：589-595.
[16] 李卫东 . 中学生学校体育评价量表的编制［J］. 北京体育大学学报，2017，40（1）：51-57.
[17] 刘爱玲，李艳平，宋军，等 . 加速度计对成人日常体力活动测量效度的研究［J］. 中华流行病学杂志，2005，26（3）：197-200.
[18] 刘阳 . 基于加速度计的身体活动测量研究前沿［J］. 北京体育大学学报，2016，39（8）：66-73.
[19] 楼世洲 . 我国教育发展指标体系分析［M］. 北京：教育科学出版社，2012.
[20] 毛振明，叶玲，杨多多 . 论体育课教学质量的探与究［J］. 体育教学，2016，36（5）：10-13.
[21] 毛振明，赵立 . 学校体育学［M］. 北京：高等教育出版社，2001.
[22] 潘绍伟 . 体育教学质量评价问题五辩［J］. 中国学校体育，2016（2）：13-15.
[23] 钱耀庭 . 学校体育学［M］. 北京：人民体育出版社，1983.
[24] 曲宗湖 . 学校体育测评理论与方法［M］. 北京：人民体育出版社，2002.
[25] 邵伟德，李启迪 . 论中小学体育教学质量的评价［J］. 体育教学，2016，36（2）：7-10.
[26] 沈丽群，季浏，王坤 . 我国中小学体育课堂教学质量评价指标体系的构建——基于质性研究［J］. 天津体育学院学报，2015，30（3）：211-215.
[27] 孙建刚，柯友枝，洪金涛，等 . 利器还是噱头：可穿戴设备在身体活动测量中的信效度［J］. 上海体育学院学报，2019，43（6）：29-38.
[28] 唐炎，刘昕 . 学校体育学［M］. 北京：高等教育出版社，2020.
[29] 唐炎，宋会君，刘昕，等 . 对我国学校体育功能研究的反思［J］. 北京体育大学学报，2004，28（8）：1102-1104.
[30] 唐炎，虞重干 . 结构与生成机制：一种关于体育教学社会功能的探究［J］. 体育科学，2009，29（6）：85-89.
[31] 唐炎 .《青少年运动技能等级标准》的研制背景、体系架构与现实意义［J］. 上海体育学院学报，2018，42（03）：2-7.
[32] 陶西平 . 教育评价辞典［M］. 北京：北京师范大学出版社，1998.
[33] 汪晓赞，尹志华，HOUSNER L D，等 . 美国国家体育课程标准的历史流

变与特点分析［J］. 成都体育学院学报，2015，41（2）：8-15.

［34］汪晓赞 . 我国中小学体育学习评价改革的研究［D］. 华东师范大学，2005.

［35］王道，刘欣，徐亮亮，等 . GT3X+ 加速度计测量 20 ～ 30 岁成年人走跑运动能耗的信效度研究［J］. 中国运动医学杂志，2015，34（3）：291-296.

［36］王军利，张冰，贾丽雅，等 . Actigraph（GT3X）加速度计测量我国 19 ～ 29 岁人群身体活动能耗的效度研究［J］. 体育科学，2012，32（12）：71-7+92.

［37］王丽娟，郑丹蘅 . 习惯行为、执行意向与青少年身体活动意向与行为：基于计划行为理论的扩展模型［J］. 上海体育学院学报，2020，44（2）：22-32.

［38］王孝宁，何苗，何钦成 . 层次分析法判断矩阵的构成方法及比较［J］. 中国卫生统计，2002，19（2）：47-49.

［39］温煦，袁冰，李华，等 . 论智能可穿戴设备在我国体力活动大数据分析中的应用［J］. 中国体育科技，2017，53（2）：80-87.

［40］吴建新，欧阳河，黄韬，等 . 专家视野中的职业教育校企合作长效机制设计——运用德尔菲专家咨询法进行的调查分析［J］. 现代大学教育，2014，00（05）：74-84.

［41］吴明隆 . 结构方程模型：Amos 实务进阶［M］. 重庆大学出版社，2010.

［42］吴明隆 . 问卷统计分析实务：SPSS 操作与应用［M］. 重庆大学出版社，2010.

［43］吴秋林 . 体育课程评价的理论与实践研究［M］. 人民体育出版社，2008.

［44］向剑锋，李之俊 . 加速度计和体力活动日记监测日常体力活动的效度研究［J］. 中国体育科技，2015，51（6）：128-133.

［45］肖征荣，张丽云 . 智能穿戴设备技术及其发展趋势［J］. 移动通信，2015，1（5）：9-12.

［46］邢慧娴，杨功焕 . 身体活动的测量与评价［J］. 中国自然医学杂志，2010，12（2）：148-150.

［47］邢最智，司徒伟成 . 现代教育测量理论［M］. 华南理工大学出版社，1989.

［48］徐金尧 . 学校体育课堂教学质量评估体系与标准的研究［J］. 体育科学，

1999，19（6）：20–22.
［49］徐玖平 . 考试学［M］. 成都科学技术大学出版社，1989.
［50］姚蕾，杨铁黎 . 中小学体育教学评价的基本理论与实践［M］. 北京体育大学出版社，2004.
［51］尹志华，汪晓赞，孙铭珠 . 基于标准的职前体育教师质量评估认证体系开发研究［J］. 成都体育学院学报，2020，46（2）：85–92.
［52］于可红 . 体育与健康课程学习评价指标体系研究［M］. 浙江大学出版社，2013.
［53］于素梅 . 对体育教学质量内涵及影响因素相关问题的研究——从强化体育课谈起［J］. 体育学刊，2014，21（2）：81–85.
［54］袁尽州，黄海 . 体育测量与评价［M］. 人民体育出版社，2011.
［55］摘编自艾媒咨询集团《2012—2013 中国可穿戴设备市场研究报告》. 2012—2013 中国可穿戴设备市场研究报告［J］. 移动通信，2014（7）：15–18.
［56］张阿维，王浩 . 可穿戴设备的应用现状分析和发展趋势的研究［J］. 中国新技术新产品，2016，No.318（8）：15–16.
［57］张超慧 . 学校体育评价［M］. 四川大学出版社，2005.
［58］张大超，李敏 . 我国公共体育设施发展水平评价指标体系研究［J］. 体育科学，2013，33（4）：3–23.
［59］张丹青，孙建刚，刘雪琦，等 . 基于可穿戴设备的儿童青少年身体活动干预效果综述［J］. 上海体育学院学报，2019，43（5）：41–9+98.
［60］张力为 . 体育科学研究方法［M］. 高等教育出版社，2002.
［61］张芩 . 怎样分析体育课［J］. 中国学校体育，1982，（1）：19–20.
［62］张晓莹，赵轩立，卢凤 . 我国竞技健美操裁判员选派指标体系的构建与实证研究［J］. 北京体育大学学报，2016，39（10）：108–114.
［63］张旭东，周洋 . 手机运动软件测量健身走、跑能量消耗准确性的研究［J］. 河北体育学院学报，2016，30（5）：59–66.
［64］赵亚夫 . 现代教育评价理论与中学历史教育评价的体系化［J］. 首都师范大学学报（社会科学版），1997（6）：86–94.
［65］中共中央国务院 . 深化新时代教育评价改革总体方案［EB/OL］.［2020-10-15］. http：//www.gov.cn/zhengce/2020-10/13/content_5551032.htm.
［66］中共中央办公厅国务院办公厅 .《关于全面加强和改进新时代学校体育工

作的意见》和《关于全面加强和改进新时代学校美育工作的意见》［EB/OL］.［2020-10-15］.

［67］中学生体育合格标准实施办法［J］.人民教育，1991，（9）：41-42.

［68］钟意.可穿戴智能设备的发展现状与前景展望［J］.电子技术与软件工程，2017，00（1）：96.

［69］周登嵩.学校体育学［M］.人民体育出版社，2005.

［70］周厚栋，李华.运动手环测量 22 ～ 27 岁人群体力活动能量消耗的有效性探究［J］.智富时代，2015，0（1X）：205-206.

［71］BUTTE，Nancy F. Assessing Physical Activity Using Wearable Monitors：Measures of Physical Activity ［J］. Medicine & Science in Sports & Exercise，2012.，44（1）：5-12.

［72］Global Recommendations on Physical Activity for Health. Geneva：WHO Press：World Health Organization；2010.URL：https：//www.who.int/dietphysicalactivity /factsheet_young_people/en/

［73］Kerli M，Marek O，Sulev R，et al.Validating Fitbit Zip for monitoring physical activity of children in school：a cross-sectional study［J］.Bmc Public Health，2018，18（1）：858.

［74］ALBERT MV，DEENY S，MCCARTHY C，et al. Monitoring Daily Function in Persons with Transfemoral Amputations Using a Commercial Activity Monitor：A Feasibility Study ［J］. Pm & R，2014，6（12）：1120-1127.

［75］ALEXANDER JP，HOPKINSON TL，WUNDERSITZ DWT，et al. validity of a wearable accelerometer device to measure average acceleration values during high-speed running ［J］. Journal of Strength and Conditioning Research，2016，30（11）：3007-3013.

［76］ALZAHRANI A，HU S，AZORINPERIS V，et al. A Multi-Channel Opto-Electronic Sensor to Accurately Monitor Heart Rate against Motion Artefact during Exercise ［J］. Sensors，2015，15（10）：25681-25702.

［77］ANDERSEN LB. Accelerometer-measured daily physical activity related to aerobic fitness in children and adolescents ［J］. Journal of Sports Sciences，2011，29（9）：887-895.

［78］ANDERSON J，GREEN A，HALL H，et al. Criterion validity of an ankle or waist mounted Actigraph GT3X accelerometer in measurement of body position and step count [J]. Physiotherapy, 2016, 102: e79–e80.

[79] AYABE M, KUMAHARA H, MORIMURA K, et al. Epoch length and the physical activity bout analysis: an accelerometry research issue [J]. BMC Research Notes, 2013, 6: 20.

[80] BALSALOBRE–FERNáNDEZ C, KUZDUB M, POVEDA–ORTIZ P, et al. Validity and Reliability of the PUSH Wearable Device to Measure Movement Velocity During the Back Squat Exercise [J]. Journal of Strength & Conditioning Research, 2016, 30 (7): 1968.

[81] BASSETT DR, HOWLEY ET, THOMPSON DL, et al. Validity of inspiratory and expiratory methods of measuring gas exchange with a computerized system [J]. Journal of Applied Physiology, 2001, 91 (1): 218–224.

[82] BENSON AC, BRUCE L, GORDON BA. Reliability and validity of a GPS–enabled iPhone (TM) "app" to measure physical activity [J]. Journal of Sports Sciences, 2015, 33 (14): 1421–1428.

[83] BOUDREAUX BD, CORMIER CL, WILLIAMS BM, et al. Accuracy of Wearable Devices for Determining Physiological Measures during Different Physical Activities [J]. Medicine and Science in Sports and Exercise, 2017, 49 (5): 762.

[84] Brage S, Brage N, Franks PW, et al. Branched equation modeling of simultaneous accelerometry and heart rate monitoring improves estimate of directly measured physical activity energy expenditure [J]. Journal of Applied Physiology, 2004, 96 (1): 343–351.

[85] BREHM MA, HARLAAR J, GROEPENHOF H. Validation of the portable VmaxST system for oxygen–uptake measurement [J]. Gait Posture, 2004, 20 (1): 67–73.

[86] BROOKE SM, HYUN–SUNG AN, SEOUNG–KI K, et al. CONCURRENT VALIDITY OF WEARABLE ACTIVITY TRACKERS UNDER FREE–LIVING CONDITIONS [J]. Journal of Strength & Conditioning Research (Lippincott Williams & Wilkins), 2017, 31 (4): 1097–1106.

［87］BUCKSCH J，INCHLEY J，HAMRIK Z，et al. Trends in television time，non-gaming PC use and moderate-to-vigorous physical activity among German adolescents 2002-2010［J］. Bmc Public Health，2014，14（1）：351.

［88］CADMUS-BERTRAM L，GANGNON R，WIRKUS EJ，et al. The Accuracy of Heart Rate Monitoring by Some Wrist-Worn Activity Trackers［J］. Annals of Internal Medicine，2017，166（8）：610.

［89］CAPIO CM，SIT CH，ABERNETHY B. Physical activity measurement using MTI（actigraph）among children with cerebral palsy［J］. Archives of Physical Medicine & Rehabilitation，2010，91（8）：1283-1290.

［90］CASPERSEN CJ，POWELL KE，CHRISTENSON GM. Physical activity，exercise，and physical fitness：definitions and distinctions for health-related research［J］. Public Health Reports，1985，100（2）：126-131.

［91］CHOW JJ，THOM JM，WEWEGE MA，et al. Accuracy of step count measured by physical activity monitors：The effect of gait speed and anatomical placement site［J］. Gait & Posture，2017，57：199-203.

［92］CHRISTENSEN C，HADDAD A，MAUS E. Validity of an Accelerometer Used to Measure Step Count in Children with Idiopathic Toe Walking［J］. Pediatric Physical Therapy，2017，29（2）：153-157.

［93］CROUTER SE，AMANDA A，HUDAK JR，et al. Accuracy and reliability of the ParvoMedics TrueOne 2400 and MedGraphics VO2000 metabolic systems［J］. European Journal of Applied Physiology，2006，98（2）：139-151.

［94］CROUTER SE，CLOWERS KG，JR BD. A novel method for using accelerometer data to predict energy expenditure［J］. Journal of Applied Physiology，2006，100（4）：1324.

［95］CROUTER SE，KUFFEL E，HAAS JD，et al. Refined two-regression model for the ActiGraph accelerometer［J］. Medicine & Science in Sports & Exercise，2010，42（5）：1029-1037.

［96］CRUZ J，BROOKS D，MARQUES A. Accuracy of piezoelectric pedometer and accelerometer step counts［J］. Journal of Sports Medicine and Physical Fitness，2017，57（4）：426-433.

[97] CRUZ J，BROOKS D，MARQUES A. Impact of feedback on physical activity levels of individuals with chronic obstructive pulmonary disease during pulmonary rehabilitation：A feasibility study [J]. Chronic Respiratory Disease，2014，11（4）：191-198.

[98] DE GRAAUW SM，DE GROOT JF，VAN BM，et al. Review of prediction models to estimate activity-related energy expenditure in children and adolescents [J]. International Journal of Pediatrics，2010，（2010-05-31），2010，2010（2）：489304.

[99] DEYARMIN KN，SNYDER KM，MIHALIK AG，et al. Accuracy of Wrist and Hip-worn Commercial Physical Activity Monitors in Free Living Conditions [J]. Medicine & Science in Sports & Exercise，2016，48（5 Suppl 1）：781.

[100] DIEU O，MIKULOVIC J，FARDY PS，et al. Physical activity using wrist-worn accelerometers：comparison of dominant and non-dominant wrist [J]. Clinical Physiology and Functional Imaging，2017，37（5）：525-529.

[101] DOOLEY EE，GOLASZEWSKI NM，BARTHOLOMEW JB. Estimating Accuracy at Exercise Intensities：A Comparative Study of Self-Monitoring Heart Rate and Physical Activity Wearable Devices [J]. JMIR Mhealth Uhealth，2017，5（3）：e34.

[102] DUNCAN JS，BADLAND HM，SCHOFIELD G. Combining GPS with heart rate monitoring to measure physical activity in children：A feasibility study [J]. Journal of Science & Medicine in Sport，2010，12（5）：583-585.

[103] EL-AMRAWY F，NOUNOU MI. Are Currently Available Wearable Devices for Activity Tracking and Heart Rate Monitoring Accurate，Precise，and Medically Beneficial？ [J]. Healthc Inform Res，2015，21（4）：315-320.

[104] FAIRCLOUGH S，STRATTON G. Physical Activity Levels in Middle and High School Physical Education：A Review [J]. Pediatric Exercise Science，2005，17（3）：217-236.

[105] FALTER M，BUDTS W，GOETSCHALCKX K，et al. Accuracy of Apple Watch Measurements for Heart Rate and Energy Expenditure in Patients

With Cardiovascular Disease: Cross-Sectional Study [J]. JMIR Mhealth Uhealth, 2019, 7 (3): e11889.

[106] FENG Y, WONG CK, JANEJA V, et al. Comparison of tri-axial accelerometers step-count accuracy in slow walking conditions [J]. Gait & Posture, 2017, 53: 11-16.

[107] FLANAGAN SD, COMSTOCK BA, DUPONT WH, et al. Concurrent Validity of the Armour39 Heart Rate Monitor Strap [J]. Journal of Strength and Conditioning Research, 2014, 28 (3): 870-873.

[108] FOKKEMA T, KOOIMAN TJM, KRIJNEN WP, et al. Reliability and Validity of Ten Consumer Activity Trackers Depend on Walking Speed [J]. Medicine & Science in Sports & Exercise, 2017, 49 (4): 793-800.

[109] FOX KR, COOPER A, MCKENNA J. The School and Promotion of Children' s Health-Enhancing Physical Activity: Perspectives from the United Kingdom [J]. Journal of Teaching in Physical Education, 2004, 23 (4): 338-358.

[110] GARCíA-PRIETO JC, MARTINEZ-VIZCAINO V, GARCíA-HERMOSO A, et al. Energy Expenditure in Playground Games in Primary School Children Measured by Accelerometer and Heart Rate Monitors [J]. International Journal of Sport Nutrition & Exercise Metabolism, 2017, 27 (5): 467-474.

[111] GATTI AA, STRATFORD PW, BRENNEMAN EC, et al. GT3X+accelerometer placement affects the reliability of step-counts measured during running and pedal-revolution counts measured during bicycling [J]. Journal of Sports Sciences, 2016, 34 (12): 1168-1175.

[112] GILGEN-AMMANN R, SCHWEIZER T, WYSS T. Accuracy of the Multisensory Wristwatch Polar Vantage' s Estimation of Energy Expenditure in Various Activities: Instrument Validation Study [J]. Jmir Mhealth and Uhealth, 2019, 7 (10): e14534.

[113] GILLINOV S, ETIWY M, WANG R, et al. Variable Accuracy of Wearable Heart Rate Monitors during Aerobic Exercise [J]. Medicine and Science in Sports and Exercise, 2017, 49 (8): 1697-1703.

[114] GIRAUDEAU B. Negative values of the intraclass correlation coefficient are

not theoretically possible [J]. Journal of Clinical Epidemiology, 1996, 49 (10): 1205.

[115] GJORESKI M, GJORESKI H, LUSTREK M, et al. How Accurately Can Your Wrist Device Recognize Daily Activities and Detect Falls? [J]. Sensors, 2016, 16 (6): 800

[116] GORNY AW, LIEW SJ, TAN CS, et al. Fitbit Charge HR Wireless Heart Rate Monitor: Validation Study Conducted Under Free-Living Conditions [J]. JMIR Mhealth Uhealth, 2017, 5 (10): e157.

[117] GRåSTéN A, YLI-PIIPARI S, HUHTINIEMI M, et al. A one-year follow-up of basic psychological need satisfactions in physical education and associated in-class and total physical activity [J]. European Physical Education Review, 2020, 1356336X20957356.

[118] Guidelines for school and community programs to promote lifelong physical activity among young people. National Center for Chronic Disease Prevention and Health Promotion, Centers for Disease Control and prevention. J Sch Health. 1997 Aug; 67 (6): 202-219.

[119] HARTWIG TB, DEL POZO-CRUZ B, WHITE RL, et al. A monitoring system to provide feedback on student physical activity during physical education lessons [J]. Scandinavian Journal of Medicine & Science in Sports, 2019, 29 (9): 1305-1312.

[120] HEALTH O, SERVICES H. Guidelines for School and Community Programs to Promote Lifelong Physical Activity Among Young People [J]. Journal of School Health, 2010, 67 (6): 202-219.

[121] HELMERHORST HHJ, BRAGE S, WARREN J, et al. A systematic review of reliability and objective criterion-related validity of physical activity questionnaires [J]. International Journal of Behavioral Nutrition & Physical Activity, 2012, 9 (1): 103.

[122] HENDRICK P, BOYD T, LOW O, et al. Construct validity of RT3 accelerometer: a comparison of level-ground and treadmill walking at self-selected speeds [J]. Journal of Rehabilitation Research & Development, 2010, 47 (2): 157-168.

[123] HERKERT C, KRAAL JJ, VAN LOON EMA, et al. Usefulness of

Modern Activity Trackers for Monitoring Exercise Behavior in Chronic Cardiac Patients: Validation Study [J]. Jmir Mhealth and Uhealth, 2019, 7 (12): e11956

[124] HILLS AP, DENGEL DR, LUBANS DR. Supporting public health priorities: recommendations for physical education and physical activity promotion in schools [J]. Progress in Cardiovascular Diseases, 2015, 57 (4): 368-374.

[125] HILLS AP, MOKHTAR N, BYRNE NM. Assessment of physical activity and energy expenditure: an overview of objective measures [J]. Frontiers in nutrition, 2014, 1 (5).

[126] HIREMATH SV, INTILLE SS, KELLEHER A, et al. Estimation of Energy Expenditure for Wheelchair Users Using a Physical Activity Monitoring System [J]. Archives of Physical Medicine & Rehabilitation, 2016, 97 (7): 1146-1153.

[127] HOLLEWAND AM, SPIJKERMAN AG, BILO HJG, et al. Validity of an Accelerometer-Based Activity Monitor System for Measuring Physical Activity in Frail Older Adults [J]. Journal of Aging & Physical Activity, 2016, 24 (4): 555-558.

[128] HOLLIS JL, WILLIAMS AJ, SUTHERLAND R, et al. A systematic review and meta-analysis of moderate-to-vigorous physical activity levels in elementary school physical education lessons [J]. International Journal of Behavioral Nutrition & Physical Activity, 2016, 86 (1): 34-54.

[129] Hollis JL, Williams AJ, Sutherland R, et al. A systematic review and meta-analysis of moderate-to-vigorous physical activity levels in elementary school physical education lessons [J]. International Journal of Behavioral Nutrition & Physical Activity, 2016, 86 (1): 34-54.

[130] HOPKER JG, JOBSON SA, GREGSON HC, et al. Reliability of cycling gross efficiency using the Douglas bag method [J]. Med Sci Sports Exerc, 2012, 44 (2): 290-296.

[131] HORTON JF, STERGIOU PRO, TAK SF, et al. Comparison of Polar M600 Optical Heart Rate and ECG Heart Rate during Exercise [J]. Medicine & Science in Sports & Exercise, 2017, 49 (12): 2600-2607.

[132] HU L T, BENTLER PM. Cutoff criteria for fit indexes in covariance structure analysis: Conventional criteria versus new alternatives [J]. Structural Equation Modeling A Multidisciplinary Journal, 1998, 3 (4): 55–61.

[133] HUANG YJ, XU JK, YU B, et al. Validity of FitBit, Jawbone UP, Nike plus and other wearable devices for level and stair walking [J]. Gait & Posture, 2016, 48: 36–41.

[134] KANG M, MAHAR MT, MORROW JR. Issues in the Assessment of Physical Activity in Children [J]. JOPERD: The Journal of Physical Education, Recreation & Dance, 2016, 87 (6): 35–43.

[135] Kerli M, Marek O, Sulev R, et al. Validating Fitbit Zip for monitoring physical activity of children in school: a cross–sectional study [J]. Bmc Public Health, 2018, 18 (1): 858.

[136] KEYS A, TAYLOR H L, GRANDE F. Basal metabolism and age of adult man [J]. Metabolism Clinical & Experimental, 1973, 22 (4): 579–587.

[137] KIM Y, WELK G J. Criterion Validity of Competing Accelerometry–Based Activity Monitoring Devices [J]. Medicine and Science in Sports and Exercise, 2015, 47 (11): 2456–2463.

[138] Kohl HW, FULTON JE, CASPERSEN CJ. Assessment of Physical Activity among Children and Adolescents: A Review and Synthesis [J]. Preventive Medicine, 2000, 31 (2): S54–S76.

[139] LEE E S, LEE JS, JOO MC, et al. Accuracy of Heart Rate Measurement Using Smartphones During Treadmill Exercise in Male Patients with Ischemic Heart Disease [J]. Annals of Rehabilitation Medicine, 2017, 41 (1): 129–137.

[140] LEE JA, WILLIAMS SM, BROWN DD, et al. Concurrent validation of the Actigraph gt3x+, Polar Active accelerometer, Omron HJ–720 and Yamax Digiwalker SW–701 pedometer step counts in lab–based and free–living settings [J]. Journal of Sports Sciences, 2015, 33 (10): 991–1000.

[141] LEE JE, LEE DH, OH TJ, et al. Clinical Feasibility of Monitoring

Resting Heart Rate Using a Wearable Activity Tracker in Patients with Thyrotoxicosis: Prospective Longitudinal Observational Study [J]. JMIR Mhealth Uhealth, 2018, 6 (7): e159.

[142] LEONARD WR. Laboratory and field methods for measuring human energy expenditure [J]. American Journal of Human Biology, 2012, 24 (3): 372-384.

[143] LEVINE MORGAN E, SUAREZ JORGE A, BRANDHORST S, et al. Low Protein Intake Is Associated with a Major Reduction in IGF-1, Cancer, and Overall Mortality in the 65 and Younger but Not Older Population [J]. Cell Metabolism, 2014, 19 (3): 407-417.

[144] LONSDALE C, ROSENKRANZ RR, PERALTA LR, et al. A systematic review and meta-analysis of interventions designed to increase moderate-to-vigorous physical activity in school physical education lessons [J]. Preventive Medicine, 2013, 56 (2): 152-161.

[145] LUBANS DR, MORGAN PJ, TUDOR-LOCKE C. A systematic review of studies using pedometers to promote physical activity among youth [J]. Preventive Medicine, 2009, 48 (4): 307-315.

[146] LYDEN K, KEADLE SK, STAUDENMAYER J, et al. A method to estimate free-living active and sedentary behavior from an accelerometer [J]. Medicine & Science in Sports & Exercise, 2014, 46 (2): 386.

[147] MACFARLANE DJ. Automated Metabolic Gas Analysis Systems [J]. Sports Medicine, 2001, 31 (12): 841-861.

[148] MANLEY AF. Physical Activity and Health: A Report of the Surgeon General [J]. Clinical Nutrition Insight, 1996, 23 (8): 294.

[149] MANZ K, SCHLACK R, POETHKO-MüLLER C, et al. Physical activity and electronic media use in children and adolescents [J]. Bundesgesundheitsblatt - Gesundheitsforschung - Gesundheitsschutz, 2014, 57 (7): 840-848.

[150] MARSHALL J, HARDMAN K. The State and Status of Physical Education in Schools in International Context [J]. European Physical Education Review, 2000, 6 (3): 203-229.

[151] Martino JP. The Delphi method: Techniques and applications [J].

Technological Forecasting & Social Change，1976，8（4）：441-442.

［152］MAZOTERAS PARDO V，LOSA IGLESIAS ME，LóPEZ CHICHARRO J，et al. The QardioArm App in the Assessment of Blood Pressure and Heart Rate：Reliability and Validity Study ［J］. JMIR Mhealth Uhealth，2017，5（12）：e198.

［153］MCCULLAGH R，DILLON C，O’ CONNELL AM，et al. Step-Count Accuracy of 3 Motion Sensors for Older and Frail Medical Inpatients ［J］. Archives of Physical Medicine & Rehabilitation，2017，98（2）：295-302.

［154］MCGRAW KO，WONG SP. Forming Inferences about Some Intraclass Correlation Coefficients ［J］. Psychological Methods，1996，1（4）：390.

［155］MCLAUGHLIN JE，KING GA，HOWLEY ET，et al. Validation of the COSMED K4 b2 portable metabolic system ［J］. International Journal of Sports Medicine，2001，22（4）：280-4.

［156］MCMINN D，ACHARYA R，DAVID A. ROWE D，et al. Measuring Activity Energy Expenditure：Accuracy of the GT3X+and Actiheart Monitors ［J］. Original Research，2013，I6（3）：217-229.

［157］MCNAMARA RJ，TSAI L L，WOOTTON SL，et al. Measurement of daily physical activity using the SenseWear Armband：Compliance，comfort，adverse side effects and usability ［J］. Chron Respir Dis，2016，13（2）：144-154.

［158］MEYER J，HEIN A. Live Long and Prosper：Potentials of Low-Cost Consumer Devices for the Prevention of Cardiovascular Diseases ［J］. 2013，2（2）：e7.

［159］MICHIE S，RICHARDSON M，JOHNSTON M，et al. The Behavior Change Technique Taxonomy（v1）of 93 Hierarchically Clustered Techniques：Building an International Consensus for the Reporting of Behavior Change Interventions ［J］. Annals of Behavioral Medicine A Publication of the Society of Behavioral Medicine，2013，46（1）：81-95.

［160］MING-DE C，CHANG-CHIH KUO，PELLEGRINI CA，et al. Accuracy of Wristband Activity Monitors during Ambulation and Activities ［J］. Medicine & Science in Sports & Exercise，2016，48（10）：1942-1949.

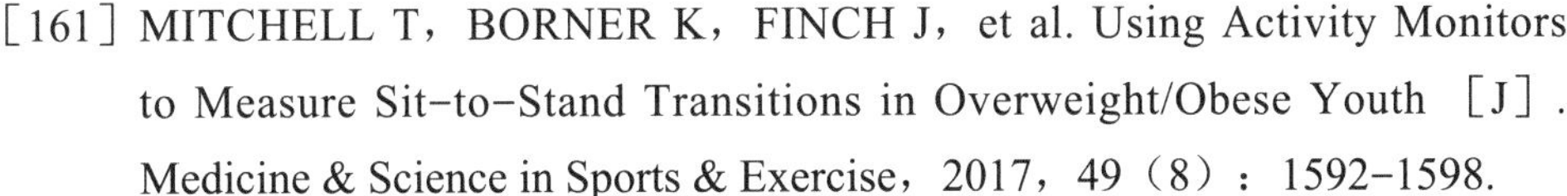

[161] MITCHELL T, BORNER K, FINCH J, et al. Using Activity Monitors to Measure Sit-to-Stand Transitions in Overweight/Obese Youth [J]. Medicine & Science in Sports & Exercise, 2017, 49 (8): 1592-1598.

[162] MONTOYE HK, BO D, BISWAS S, et al. Validation of a wireless accelerometer network for energy expenditure measurement [J]. Journal of Sports Sciences, 2016, 34 (21): 2130-2139.

[163] MONTOYE HK, MITRZYK JR, MOLESKY MJ. Comparative Accuracy of a Wrist-Worn Activity Tracker and a Smart Shirt for Physical Activity Assessment [J]. Measurement in Physical Education & Exercise Science, 2017, 21 (4): 201-211.

[164] MUELLER AM, WANG NX, YAO J, et al. Heart Rate Measures from Wrist-Worn Activity Trackers in a Laboratory and Free-Living Setting: Validation Study [J]. Jmir Mhealth and Uhealth, 2019, 7 (10): e14120

[165] MURAKAMI H, KAWAKAMI R, NAKAE S, et al. Accuracy of 12 Wearable Devices for Estimating Physical Activity Energy Expenditure Using a Metabolic Chamber and the Doubly Labeled Water Method: Validation Study [J]. Jmir Mhealth and Uhealth, 2019, 7 (8): e13938.

[166] MURAKAMI H, KAWAKAMI R, NAKAE S, et al. Accuracy of Wearable Devices for Estimating Total Energy Expenditure: Comparison with Metabolic Chamber and Doubly Labeled Water Method [J]. Jama Internal Medicine, 2016, 176 (5): 702-703.

[167] NELSON BW, ALLEN NB. Accuracy of Consumer Wearable Heart Rate Measurement During an Ecologically Valid 24-Hour Period: Intraindividual Validation Study [J]. JMIR Mhealth Uhealth, 2019, 7 (3): e10828.

[168] OLIVER M, SCHOFIELD GM, KOLT GS. Physical activity in preschoolers: understanding prevalence and measurement issues [J]. Sports Medicine, 2007, 37 (12): 1045.

[169] PARK J, ISHIKAWA-TAKATA K, TANAKA S, et al. Accuracy of Estimating Step Counts and Intensity Using Accelerometers in Older People with or Without Assistive Devices [J]. Journal of Aging and Physical Activity, 2017, 25 (1): 41-50.

[170] PATE RR, DAVIS MG, ROBINSON TN, et al. Promoting physical activity in children and youth: a leadership role for schools: a scientific statement from the American Heart Association Council on Nutrition, Physical Activity, and Metabolism (Physical Activity Committee) in collaboration with the Councils on Cardiovascular Disease in the Young and Cardiovascular Nursing [J]. Circulation, 2006, 114 (11): 1214-1124.

[171] Pate RR. The Report of the US Physical Activity Guidelines Advisory Committee: Important Findings for Employers [J]. American Journal of Health Promotion, 2019, 33 (2): 313-314.

[172] PEDISIC Z, BAUMAN A. Accelerometer-based measures in physical activity surveillance: current practices and issues [J]. British Journal of Sports Medicine, 2015, 49 (4): 219-U25.

[173] PINA IL, BALADY GJ, HANSON P, et al. Guidelines for clinical exercise testing laboratories. A statement for healthcare professionals from the Committee on Exercise and Cardiac Rehabilitation, American Heart Association [J]. Circulation, 1995, 91 (3): 912-921.

[174] PLASQUI G, BONOMI AG, WESTERTERP K R. Daily physical activity assessment with accelerometers: new insights and validation studies [J]. Obes Rev, 2013, 14 (6): 451-462.

[175] PLASQUI G, BONOMI AG, WESTERTERP KR. Daily physical activity assessment with accelerometers: new insights and validation studies [M]. 2012.

[176] POWELL C, CARSON BP, DOWD KP, et al. The accuracy of the SenseWear Pro3 and the activPAL3 Micro devices for measurement of energy expenditure [J]. Physiological Measurement, 2016, 37 (10): 1715-1727.

[177] POWELL C, CARSON BP, HAYES G, et al. Accuracy of Energy Expenditure Measurement Using the Sensewear Pro3 and the Activpal3 Micro Devices [J]. Medicine and Science in Sports and Exercise, 2016, 48 (5): 810-811.

[178] REDDY RK, POONI R, ZAHARIEVA DP, et al. Accuracy of Wrist-Worn Activity Monitors During Common Daily Physical Activities and Types

of Structured Exercise：Evaluation Study ［J］. JMIR Mhealth Uhealth，2018，6（12）：e10338.

［179］ROBERTSON W，STEWARTBROWN S，WILCOCK E，et al. Utility of Accelerometers to Measure Physical Activity in Children Attending an Obesity Treatment Intervention ［J］. Journal of Obesity，2010，2011（2011）：1416–1432.

［180］ROOS L，TAUBE W，BEELER N，et al. Validity of sports watches when estimating energy expenditure during running ［J］. BMC Sports Science，Medicine & Rehabilitation，2017，9（01）：1–8.

［181］SARDINHA LB，JUDICE PB. Usefulness of motion sensors to estimate energy expenditure in children and adults：a narrative review of studies using DLW ［J］. European Journal of Clinical Nutrition，2017，71（3）：331–339.

［182］SCHAFFER SD，HOLZAPFEL SD，FULK G，et al. Step count accuracy and reliability of two activity tracking devices in people after stroke ［J］. Physiotherapy Theory and Practice，2017，33（10）：788–796.

［183］SCHUTZ Y，WEINSIER RL，HUNTER GR. Assessment of free-living physical activity in humans：an overview of currently available and proposed new measures ［J］. Obes Res，2012，9（6）：368–379.

［184］SHEPHARD RJ. A critical examination of the Douglas bag technique ［J］. Medicine & Science in Sports & Exercise，2012，44（7）：1407.

［185］SHULL PB，JIRATTIGALACHOTE W，HUNT MA，et al. Quantified self and human movement：a review on the clinical impact of wearable sensing and feedback for gait analysis and intervention ［J］. Gait Posture，2014，40（1）：11–19.

［186］SINGH J，SITTIG DF. Accuracy of Heart Rate Monitoring by Some Wrist-Worn Activity Trackers ［J］. Annals of Internal Medicine，2017，167（8）：607.

［187］STRATH SJ，SWARTZ AM，JR BD，et al. Evaluation of heart rate as a method for assessing moderate intensity physical activity ［J］. Med Sci Sports Exerc，2000，32（9 Suppl）：465–470.

［188］SUN J，LIU Y. Using Smart Bracelets to Assess Heart Rate Among Students

During Physical Education Lessons: Feasibility, Reliability, and Validity Study [J]. JMIR Mhealth Uhealth, 2020, 8 (8): e17699.

[189] TELAMA R, YANG X, VIIKARI J, et al. Physical activity from childhood to adulthood: A 21-year tracking study [J]. American Journal of Preventive Medicine, 2005, 28 (3): 267-273.

[190] THIVEL D, MASO F, AOUICHE S, et al. Nutritional responses to acute training sessions in young elite rugby players [J]. Appetite, 2015, 84: 316-321.

[191] TREACY D, HASSETT L, SCHURR K, et al. Validity of Different Activity Monitors to Count Steps in an Inpatient Rehabilitation Setting [J]. Physical Therapy, 2017, 97 (5): 581-588.

[192] TUDORLOCKE C, WILLIAMS JE, REIS JP, et al. Utility of Pedometers for Assessing Physical Activity [J]. Sports Medicine, 2004, 34 (5): 795-808.

[193] TUDOR-LOCKE DC, LUTES L. Why Do Pedometers Work? [J]. Sports Medicine, 2009, 39 (12): 981-993.

[194] United States Department of Health and Human Services. Healthy People 2010: Understanding and Improving Health [J]. http://www.healthypeople. gov/ 2010/ Document/pdf/uih/2010uih.pdf, 2000.

[195] VERLOIGNE M, LIPPEVELDE W V, MAES L, et al. Levels of physical activity and sedentary time among 10- to 12-year-old boys and girls across 5 European countries using accelerometers: an observational study within the ENERGY-project [J]. International Journal of Behavioral Nutrition & Physical Activity, 2012, 9 (1): 1-8.

[196] WALLEN MP, GOMERSALL SR, KEATING SE, et al. Accuracy of Heart Rate Watches: Implications for Weight Management [J]. Plos One, 2016, 11 (5): e0154420.

[197] WANG R, BLACKBURN G, DESAI M, et al. Accuracy of Wrist-Worn Heart Rate Monitors [J]. Jama Cardiology, 2017, 2 (1): 104-106.

[198] WEATHERALL J, PAPROCKI Y, KUDEL I, et al. concurrent validity of the armour39 heart rate monitor strap [J]. Value in Health, 2017, 20 (5): A336-A.

[199] WETTEN AA, BATTERHAM M, TAN SY, et al. Relative validity of 3 accelerometer models for estimating energy expenditure during light activity [J]. J Phys Act Health, 2014, 11 (3): 638-647.

[200] WOODMAN JA, CROUTER SE, BASSETT JR, et al. Accuracy of Consumer Monitors for Estimating Energy Expenditure and Activity Type [J]. Medicine & Science in Sports & Exercise, 2017, 49 (2): 371-377.

[201] World Health Organization. Global recommendations on physical activity for health [J]. 2010.

[202] YURI F, GARNER HR, BASSETT DR. Evaluation of ActiGraph's low-frequency filter in laboratory and free-living environments [J]. Medicine & Science in Sports & Exercise, 2015, 47 (1): 211.

[203] ZAKI R, BULGIBA A, ISMAIL R, et al. Statistical Methods Used to Test for Agreement of Medical Instruments Measuring Continuous Variables in Method Comparison Studies: A Systematic Review [J]. Plos One, 2012, 7 (5): e37908.

[204] ZHOU Y, WANG L. Correlates of Physical Activity of Students in Secondary School Physical Education: A Systematic Review of Literature [J]. BioMed Research International, 2019 Feb 19; 2019: 4563484.

[205] ZHU W, RINK J, PLACEK J H, et al. PE Metrics: Background, Testing Theory, and Methods [J]. Measurement in Physical Education & Exercise Science, 2011, 15 (2): 87-99.

[206] ZHU Z, TANG Y, ZHUANG J, et al. Physical activity, screen viewing time, and overweight/obesity among Chinese children and adolescents: an update from the 2017 physical activity and fitness in China—the youth study [J]. BMC public health, 2019, 19 (1): 197

后记

本书是在导师的悉心指导下完成的，从选题到设计再到撰写处处都糅合着导师的关怀与帮助，在此，对我的导师表示衷心地感谢，感谢我的导师上海体育大学刘阳教授。他的耳提面命与谆谆教诲让我得到了几乎是脱胎换骨的改变，也让我对体育学研究产生了新的认识，他教给我如何发现问题、提出问题与解决问题的方法，并教会我用这些方法解决工作和生活中的问题。导师严谨的研究态度、活跃的科研思维、勤奋高效的工作方式深深地影响了我，让我从一个得过且过的人也快变成一个“处处计较”追求完美的人。我清晰地记得导师为了保障连续高效的工作时长与工作效率，中午只啃一个自带的面饼或者一天只来一餐“早中饭”一直坚持工作到深夜，直到校门关闭很久才肯回家的任性做派。他的言传身教给我们树立了精神榜样，也让我在面对困难的时候更富有激情和战斗力。这样的激情和战斗力一直延续到了我人生的所有角落，也是我今后生活和工作上学习和努力的方向。以成为 LY 团队的一员而感到骄傲和自豪。

特别感谢我的偶像兼高访导师唐炎教授，他的风度与睿智让我心驰神往。他的堂堂正正、情恕理遣的立世之道，让我在不知如何应对极度喜悦和极度困难的时候有了完美的参考答案，使我在学习和工作中变得更加从容。还要感谢我的硕士导师张胜年教授，他是我进入上海体育学院学习的第一位导师，是我体育科研路上的领路人，带我走进上海体育学院，让我有资格、有机会沐浴母校的荣光，正是导师们无处不在的温暖让我一直觉得上海体育学院是我的家。

此外还要感谢 LY 团队的每一位成员，每当我迷茫和困惑时，都是你们陪伴在我身边。感谢陈思同、王光旭、李博等师弟，不但在生活和学习中给予了我极大的帮助，他们所取得的成就，也时刻激励与敦促着我，让我不敢懈怠持续前行。感谢丹青、柯大侠、涛哥、雪琦等师妹，是你们细心的宽慰和温柔的陪伴支持我度过了最困难的时光。还要感谢前前后后新来的师弟与师妹们，为了我有充足的时间写作，你们承担起了繁重的工作任务，为团队付出了太多太多。

感谢我的好友张加林，在他身上精益求精、韧性十足的工作与生活态度真切的打动了我，让我感到惭愧的同时也使我有了学习和进步的动力。感谢我的好友游国鹏，他的“养生式读博”开解为我的求学之路增加了色彩，卸下了许多负担。感谢好友张亚军、刘子青等，他们时不时来学校的“骚扰式关怀”往往让我僵硬的思维得到及时的软化，紧绷的精神得到放松。感谢我的博士同学：罗冲、程旭冒、苏新勇、魏丕勇、陈志勇、李森、李庆贺、缪律、周玉兰、王慧文、郭晓征、蔡旭旦、刘洋、陈长洲、吴晓华、黄焕宇、余伟峻、宋校能、范卉颖、孟杰、郭炜。在我前半生最华丽的时刻遇到了各位同学是我的荣幸，与你们一起并肩学习的经历是我最快乐的时光之一，希望我们都能顺利毕业，互相守望。

感谢上海体育学院，她的开明与公正是我们相聚在此的基础。“身心一统，兼蓄竞攀”的体院精神将继续感染与引领着我，让我勇于挑战与磨砺自我，也让我明白了作为一名体育人的责任。我将永远以上海体育学院的一份子为荣。

最后，我要感谢我的家人。是他们一直在背后默默的支持我，让我心无旁骛的学习，父母给了我成人的机会，给我了立业的支持，是我坚实的后盾。

皖西学院　孙建刚

2023 年 9 月